土地可持续利用视角下的中国农地产权制度创新研究

TUDIKECHIXULIYONGSHIJIAOXIADE ZHONGGUO NONGDICHANQUANZHIDU CHUAGNXIN YANJIU

苑 莉◎著

飞天出版传媒集团
甘肃文化出版社

图书在版编目(CIP)数据

土地可持续利用视角下的中国农地产权制度创新研究 / 苑莉著. --兰州:甘肃文化出版社,2013.12
ISBN 978-7-5490-0538-3

Ⅰ. ①土… Ⅱ. ①苑… Ⅲ. ①农地制度—土地产权—研究—中国 Ⅳ. ①F321.1

中国版本图书馆 CIP 数据核字(2013)第 306184 号

土地可持续利用视角下的
中国农地产权制度创新研究
苑莉 著

责任编辑: 何荣昌
封面设计: 陈晓燕

出版发行: 甘肃文化出版社
网　　址: http://www.gswenhua.cn
地　　址: 兰州市城关区曹家巷 1 号
邮　　编: 730030
印　　刷: 兰州万易印务有限责任公司
地　　址: 兰州市城关区黄河北玉垒关 23 号
邮　　编: 730000

开　　本: 787毫米×1092 毫米 1/32
字　　数: 186 千
印　　张: 7.875
版　　次: 2013 年 12 月第 1 版
印　　次: 2013 年 12 月第 1 次
书　　号: ISBN 978-7-5490-0538-3
定　　价: 32.00 元

前 言

农地产权制度是我国社会最基本的产权制度，也是我国经济制度的基础和核心，对社会经济的发展举足轻重。我国现行的农地产权制度属于农村集体经济组织所有、农民家庭承包经营的产权模式，历经三十多年的发展，对社会经济的进步作出了巨大贡献。但是，现行农地产权的制度缺陷也日渐凸显，因此改革现行农地产权制度尤显迫切。

中国农地产权的制度创新缺乏合理的理论导向，而土地可持续利用理论对农地产权制度安排提出了具体要求，可为其制度创新提供主要的理论支持，是其制度创新的重要前提和基础，也是其制度创新思路的保障。因此，深入研究农地产权制度和土地可持续利用二者之间的内在联系，充分发挥土地可持续利用理论促进土地产权制度创新的功能，探索和构建土地可持续利用视角下的农地产权制度创新模式，对于当前我国农地产权制度研究具有十分重要的理论与现实意义。

本书以土地可持续利用理论为指导，以农地产权制度为研究对象，以农地产权制度创新为主线，以实现土地资源的可持续利用为目的，借鉴制度经济学、土地经济学和法学的相关理论，采用宏观分析与微观分析、定量分析与定性分析、规范研究与实证研究相结合的研究方法，系统地回顾了可持续理论的发展现状、新中国成立后农地产权制度的演变历程，分析了制约土地可持续利用的因素，阐述了农地产权制度创新的指导思想、基本原则以及创新方式。在此基础上构建了中国农地产权制度创新模式，对模式的实施途径进行阐述，并以四川省乐至县为例，核算土地可持续利用视角下的农地产权价格以及测度农地产权转移中的代际配置效率损失。

较之同类研究，本书在以下三方面进行了新的探索：

一、突破农地产权制度创新模式单纯考虑效益维度的局限，把代际公平目标引入我国农地产权制度创新模式的构建中，提出基于代际公平维度与效益维度二维结合的农地产权制度近期与远期创新模式。以往农地产权制度安排模式研究只注重效益维度的诉求，本书把代际公平目标引入我国农地产权制度创新模式的构建中，把代际公平原则和效益维度有机结合，突破农地制度创新模式中只考虑效益维度的局限性，力求作出有关农地产权制度创新思路的有益探索。本书认为，我国农地产权制度创新应建立在阶段性、渐进化的基本演化格局之中，根据经济发展的不同阶段，结合代际公平原则作出相应的制度安排。从理论上提出了代际公平原则和效益维度有机结合的中国农地产权制度的近期模式：集体股份所有，承包使用，促进产权流动，代内公平为主，代际公平为辅。农地产权制度的远期模式：国家所有，农民永佃，家庭农场经营，代内公平和代际公平相结合。

二、创新农地产权价格核算方法，建立基于土地可持续利用理论的农地产权价格综合测算体系，并进行实证检验，得到实现农地产权制度创新的价格工具。针对现行农地产权价格估价工作中只考虑农地的经济价值，忽视社会、生态价值和代际公平因素的现象，本书力图从土地可持续利用的视角，以四川省乐至县农用地为样本，运用调研资料，计算基于土地可持续利用理论的乐至县农地产权价格。在评估中充分核算农地的经济、社会、生态价格，具体量化代际公平因素，对农地价格评估方法的创新具有一定参考价值，以期作为实现农地可持续利用的价格工具。

三、摒弃传统的测度农地代际配置效率的直线拟合法，采用贴切实际的逻辑斯蒂曲线模拟产权转移的供需曲线，克服了拟合偏差，提高了测度精度。以往研究中对于农地产权转移代际配置最优数量的模拟，均采用供需直线拟合理想数量，供需数量呈直线无限延伸状态，而农地产权转移的数量始终不能超越农地初始数量的约束，呈直线无限延伸的产权转移数量造成了模拟的偏差。因此，本书力求突破直线拟合的局限，采用更为合理的逻辑斯蒂曲线模拟产权转移的供需曲线，克服拟合偏差，提高测度精度。本书以1988—2008年为研究区间，对四川省乐至县农地产权转移过程中的农地代际数量损失和代际配置效率进行测度，检验过去时段代际配置效率损失，同时也对未来农地产权配置提供参考。

目 录

第一章 导 论

第一节 研究背景

“民以食为天，食以农为本，农以地为根。”土地是人类赖以生存和发展的基础，是最基本的生产要素。我国土地利用类型多样，以农用地为主，农用地占到全部土地面积的67%以上，它为人民提供了广阔的社会经济活动平台，是创建和谐社会的根基。农地资源的利用与人类使用土地的经济行为密切相关，而生产者的经济行为往往会受到现行产权制度的影响，围绕以农地占有为标志形成的人与人之间种种权利关系构成的农地产权制度，已经成为人类社会最基本的制度，在很大程度上影响和制约着社会历史的发展进程。

历经农业合作化、人民公社化之后，形成的具有中国特色社会主义初级阶段的农村集体所有、农民家庭联产承包经营的农地产权制度，对社会经济的发展作出了巨大贡献。但是，随着城市化、工业化进程的加快以及整个国民经济持续高速增长，特定历史条件下形成的农地产权制度固有的制度缺陷也逐渐凸现，具体表现为：一、产权主体模糊或虚化；二、产权权能残缺；三、产权稳定性差；四、农地产权制度缺乏有效的法律保障；五、农地转让制度缺损，不利于农地资源的优化配置并导致土地可持续利用越来越受到农地产权制度的制约。现行农地产权制度的供给和需求对土地可持续利用呈现非均衡状态，严重制约了社会经济发展。因此，当前形势下对农地产权制度进行改革尤显迫切。党的十七届三中全会《关于推进农村改革发展重大问题决定》提出，大力推进改革创新，加强农村制度建设，其中农地产权制度的建设与创新是《决定》的重要内容，是实现会议精神的有效途径与关键。

同时，伴随我国人口的急剧膨胀以及耕地数量的锐减，农地资源非农化导致农业生产要素流失，给农村发展造成巨大的压力，具体表现在：农地资源数量的刚性约束和农业环境恶化要求摒弃农业传统的增长方式，较差的农业生产条件、低水平不可持续的土地利用方式难以支撑起社会经济的发展、人民物质文化生活水平日益提高的需要，也即，先进的精神文明和物质文明不可能建立在难以为继、不可持续的“农耕文明”的基础上。因此，面临严峻的经济发展与人口、资源、环境问题，坚持科学发展观，实施可持续发展战略，走可持续发展道路，切实保护农地资源的可持续利用，是必然的理性选择。土地可持续利用的关键是协调好人口、资源、环境与经济发展之间的关系。这种协调不会自然实现，必须依靠科学的、行之有效的产权制度。对土地利用系统进行合理的规范、调控和预警，在客观上要求以土地产权制度来落实、协调、规范土地利用行为，从而保证合理地开发、利用和保护土地资源，促进土地资源的可持续利用。

《21 世纪议程》中将土地产权权制度创新作为实现可持续发展战略的有利工具，提出土地产权制度创新管理的总体目标是促进土地向那些可提供最大可持续效益的用途分配，促进土地资源向可持续的综合管理目标转移，同时应考虑环境、社会和经济问题。《中国21世纪议程》明确提出，中国产权制度改革是土地资源管理与可持续利用的一项行动目标，农地产权制度创新是实现土地可持续利用的重要手段和工具。因此，从理论上和实践上都要求我们将土地产权制度创新与土地可持续利用结合起来。

农地资源可持续利用是对十分宝贵的农地资源进行优化配置，使之达到永续利用的目标。资源配置问题属于产权经济问题，农地可持续利用的实质是对农地产权制度进行合理配置（林卿，1999）。由于土地可持续利用理论对农地产权安排提出了具体要求，可为农地产权制度创新提供主要的支持，是实现农地产权制度创新的重要前提和基础，它有利于农地资源配置于最大可持续效益的用途之上（但承龙，2005）。

中国农地产权制度的制度缺陷问题，实质是产权制度变迁过程中缺乏合理理论导向的问题。土地可持续利用理论是实现农地产权制度创新由现状到目标的手段，是其创新思路正确的保障。强调以土地可持续利用理论为指导的农地产权制度安排，对农地产权制度的结构和功能完善起着十分重要的作用，可为农地产权制度的完善与发展提供主要支持。而我国现有的农地产权制度安排对于土地可持续利用的制度供给严重不足，因此在农地产权制度创新中需要明确地贯彻可持续发展原则，深入地研究土地可持续利用理论在农地产权制度创新中的作用。

以土地可持续利用理论为指导的农地产权制度创新，既是当前农地产权制度理论研究的重大课题，又是探索解决现行农地产权制度缺陷的现实途径。贯彻落实可持续发展观，致力于在土地资源利用和农地产权制度安排之间寻找最佳平衡点，既满足当代人的需求，又不以牺牲后代人的利益为代价，是我国农地产权制度的创新目标。

因此，深入地研究农地产权制度与土地可持续利用二者之间的内在联系，充分发挥土地可持续利用理论促进土地产权制度创新的功能，探索和构建土地可持续利用视角下的农地产权制度创新模式，对于当前我国农地产权制度创新研究具有十分重要的理论意义与现实意义。

第二节 研究意义

本书研究的目的是，基于土地可持续利用视角，利用土地可持续利用理论指导现行农地产权制度创新。因此，在分析和论证过程中，注重了研究的理论意义与实践意义的结合。具体的研究意义如下。

一、理论意义

（一）可丰富农地产权制度与土可持续利用的研究成果

对于农地产权制度与土地可持续利用的研究，国内学者大都单纯针对农地产权制度安排的效益原则，强调运用行政、法律和规划等手段，提出农地产权制度创新的模式和对策。而本书是将土地可持续利用具体原则——公平与效益原则有机融入农地产权制度创新模式构建中，并提出基于代际公平、代内公平与效益原则相结合的农地产权制度创新模式，拓展了基于土地可持续利用理论的农地产权制度模式的研究领域；同时提出基于经济、生态、社会效益和代际公平原则下的农地产权价格的计算思路。这些具体措施可为以土地可持续利为视角的农地产权制度研究提供理论指导和参考。

(二) 可丰富农地产权制度与土地可持续利用的研究方法

国内外学者对农地产权制度与土地可持续利用的研究，规范研究多，实证研究少，定性研究多，定量研究少。本书在分析论证过程中，注重运用新制度经济学中的制度变迁理论、产权理论以及法学等相关理论和最新研究成果，并结合四川省乐至县农地产权价格调查收集到的一手资料，对乐至县农地产权价格全面地进行核算。书中采用 spss 统计软件对乐至县农用地 1988—2008 年的产权转移代际配置进行了定量评估，测算出代际配置损失，通过定量与定性研究相结合，可丰富农地产权制度与土地可持续利用的研究方法。同时，书中提出的农地产权价格核算方法以及农地产权代际配置损失测度模型也为土地可持续利用视角下的农地产权制度相关研究提供新颖的计算思路和工具。

二、实践意义

(一) 有利于中央政策的贯彻执行

本书提出了全面反映农地社会、生态和代际价值的农地产权价格核算方法，与十八大报告提出的“深化资源性产品价格和税费改革，建立反映市场供求和资源稀缺程度、体现生态价值和代际补偿的资源有偿使用制度和生态补偿制度”精神十分吻合，可望为十八大会议中的“加强生态文明制度建设”部署作出积极有益的贯彻、实践与探索。本书提出了农地产权制度创新模式。此模式的理论基础源于土地可持续发展思想。由于可持续发展观是科学发展观的重要组成部分，所以从本质来说，关于农地产权制度创新模式的构建是贯彻落实科学发展观的重要实践，且书中关于农地产权制度创新的具体制度框架，有望为政府制定科学发展规划提供有效的分析信息和决策支持，可推动形成有利于土地科学利用的体制机制，促进经济社会又好又快地发展；同时，本书提出的农地产权制度创新模式也契合了中共中央十七届三中全会《关于推进农村改革若干重大问题决定》中提出的“大力推进改革创新，加强农村制度建设”的发展目标，为深化农村改革与发展奠定坚实的理论基础。由于代内、代际公平是和谐社会内涵的重要特征和基本价值诉求，是构建和谐社会的重要任务，所以书中提出的基于代际、代内公平原则下的农地产权制度安排，也是构建和谐社会的重要工作。

（二）有利于经济发展过程中农地问题的解决

本书通过构建近期与远期农地产权制度创新模式，有助于解决工业化、城市化过程中耕地过度减少的现象，即通过效益原则与公平原则之间形成的土地产权自身权利义务关系的作用与限定，形成强有力的约束与激励机制，发挥土地可持续利用的功能，从制度安排上形成土地保护问题的解决体制与机制，也有利于土地管理部门和土地管理工作者对土地管理工作中的农地产权制度进行思考，开拓农地产权管理思路。

同时，农地产权制度创新模式的建立，由于产权主体明晰，权利义务明确，流转机制充分，公平因素的约束与激励效应显著，有利于理顺中央政府与地方政府在土地管理上的委托——代理关系，有效抑制农地大量征收占用的趋势；也可激发广大农民从农地的权利与义务出发，保护自身所拥有农地的数量与质量。

本书为农地产权制度创新模式设立了两个技术前提——农地产权价格核算和产权登记。一方面，通过农地产权全面价格的核算，为土地管理工作中农地价值衡量提供核算标准，确保农地产权转移过程中农地价值得到真实反映，也为土地可持续利用决策提供基础数据；另一方面，通过农地产权登记，将农地权利通过凭证的形式记录下来，达到公示与公信的目的，促进产权的保护，有利于提高农户对农地长期投资的积极性；同时，在农地管理机制转变的进程中，为农村土地市场和金融市场的发育提供基础信息。

第三节 研究范围界定、主要研究内容

一、研究范围界定

土地可持续利用视角下的农地产权制度创新研究是一个复杂的巨系统。针对当前研究中存在的不足与缺陷，本书将集中研究该系统的三个核心关键问题：（一）土地可持续利用视角下的农地产权制度创新模式；（二）土地可持续利用视角下的农地产权价格核算；（三）农地产权转移中的代际配置效率。通过对上述三个核心关键问题的研究，便于研究目标的集中与深入，避免研究的空泛，以此反映问题的主要特征，同时达到解决土地可持续利用视角下的农地产权制度创新研究中亟待解决的问题的目的。

二、主要研究内容

全书分为五部分，共七章：

第一、二章为本书的第一部分，即本书的导论和国内外文献述评。导论部分提出所要的研究问题，介绍本书所采用的研究方法、

研究内容、技术路线以及可能的创新性与局限性，并提出进一步研究的展望。第二章介绍国内外研究进展，并对文献进行述评。

第三章为本书的第二部分，具体论述土地可持续利用视角下的农地产权制度创新的相关理论。首先分别对土地可持续利用、农地产权制度创新进行了概念界定，并对土地可持续利用与农地产权制度二者之间的关系进行了理论分析，针对现行农地产权制度与土地可持续利用的差距展开了现实分析，在上述分析基础上将土地可持续理论运用于农地产权制度创新研究，最后提出土地可持续利用视角下农地产权制度创新的关键要素。

本书的第三部分包括第四、五章，主要对土地可持续利用视角下的农地产权制度创新进行详细研究。具体内容围绕农地产权制度创新展开，提出了以土地可持续利用为核心的土地产权制度创新模式以及土地可持续利用理论下的农地产权制度创新的实现路径。

第四章提出了土地可持续利用视角下的农地产权制度创新的具体目标模式。近期创新模式是：集体股份所有，家庭承包使用，促进产权流动，代内公平为主，代际公平为辅。远期创新模式是：国家所有，农民永佃，家庭农场经营，代内和代际公平相结合。以上两阶段的农地产权制度创新模式能够体现土地可持续利用问题中的效率、公平原则以及产权变革过程中的系统连贯性与阶段性渐进演化的特性。

第五章从理论上分析了土地可持续利用视角下的农地产权制度创新的实现路径。这些实现路径包括：（一）农地产权制度法律的完善；（二）农地产权交易市场机制的建立；（三）农地产权价格形成；（四）农地产权的统一登记。以上路径是基于土地可持续利用理论的农地产权制度创新模式的重要实现工具。书中对农地产权价格形成这一途径作了详细论述。

第六章为本书的第四部分，即本书的实证部分。本部分围绕土地可持续利用视角下的农地产权制度创新，重点研究了两个兼具基础性、重要性的问题，一是农地产权价格核算问题，二是农地产权转中的代际配置损失测度问题，均以四川省乐至县为考察对象，运用实证分析的方法对其进行具体研究。首先对乐至县农用地的经济、生态、社会价格分别核算，并对三项价格进行叠加，求出三维度下的农地价格，最后采用代际补偿基金计算公式，得出基于代际公平原则下的乐至县农用地的全面产权价格。关于农地产权转移中的代际配置问题，本书运用科布道格拉斯生产函数对农地和建设用地的边际收益进行计算，然后采用逻辑斯蒂曲线函数进行对农地和建设用地产权转移过程中的供需进行拟合，得出符合代际配置效率的农地产权转移数量。最后检验出20年来乐至县农地代际配置损失的数量和效率，以此指导未来农地产权制度安排。

第七章为本书的第五部分，即研究结论与展望。归纳出全书的主要研究结论，并对以后的研究工作进行展望。

第四节 研究方法、技术路线

一、研究方法

（一）文献研究法

根据研究的目的与思路，文献研究法是本研究的一大特点。

在系统检索、阅读、整理国内外有关农地产权制度、土地可持续利用、代际关系、农地估价等相关文献资料的基础上，总结前人的研究成果以及发现前人研究中存在的不足与缺陷，引申出本书的可能创新之处，并结合当今中国农地产权制度的现实背景，以农地产权制度创新为研究对象，将土地可持续利用论理引入农地产权制度创新研究中，构建本书的分析框架和创新模式。

(二) 规范与实证研究相结合的方法

本书采用的研究方法力求规范分析和实证研究相结合。规范分析为本研究引出问题、认识问题、解决问题奠定基础，而科学的实证分析则为进一步剖析问题和验证问题提供了依据。

首先，规范研究方法贯穿于基于土地可持续利用理论的农地产权制度创新的一般理论分析、农地产权制度创新的近期与远期模式的制度安排，以及创新实现途径的分析，是本书最主要的研究方法之一。

其次，运用实证研究方法。以四川省乐至县农用地为分析样本，通过实地调研工作中收集到农地年总产值、农地年总成本、农村居民社会养老保险金、耕地占用税、新增建设用地有偿使用费、耕地开垦费、农地面积（包括耕地、园地、林地、水域和草地)、多年期银行利率等一手数据，对上述数据进行整理和分析，测算出农用地的经济、生态、社会三维度下的代际产权价格，同时对产权转移过程中的农地代际配置损失进行测度。这项工作所收集的统计数据有：乐至县 1989 年至 2008 年的农地面积（包括耕地、园地、林地、水域和草地)，建设用地面积，第一、二、三产业产值，资本投入（新增基本建设投资、新增更新改造投资和城镇集体单位固定资产投资)，劳动力从业人员数量等，运用科布道格拉斯生产函数和逻辑斯蒂曲线函数，采用 spss15 统计软件辅助上述模型的数据处理与运算，测算出乐至县历年农地产权转移过程中的数量损失，并对农地代际配置效率进行测度。

二、技术路线

本书的研究对象是农地产权制度，研究主题是探讨土地可持续利用理论和农地产权制度之间的作用机制，构建基于土地可持续利用理论的农地产权制度创新。研究方法主要采用文献研究法、规范和实证分析相结合的研究方法。

因此,研究的第一阶段为选题,主要对国内外相关文献进行分析,并结合实际情况,选择既有理论意义也有实践意义的题目。

研究的第二阶段为研究框架的确定，依据选定的题目界定问题，进行理论分析，建立相应的模式，提出实施途径，并进行应用研究。

研究的第三阶段是实证阶段，主要针对提出的模式的实现工具进行相关的核算与测度。要通过实地调研获取一手数据，并对数据进行相应的处理与计算，得出研究结果与结论。通过图 1–1 可以了解本书研究的技术路线。

第五节 研究目标

本书通过构建“一个模式，两个实证研究”形成研究的整体目标。关于研究目标的具体阐述如下：

第一，构建农地产权制度创新模式。提出基于土地可持续利用理论的农地产权制度模式，具体地将公平与效益原则引入农地

图 1-1　研究的技术路线图

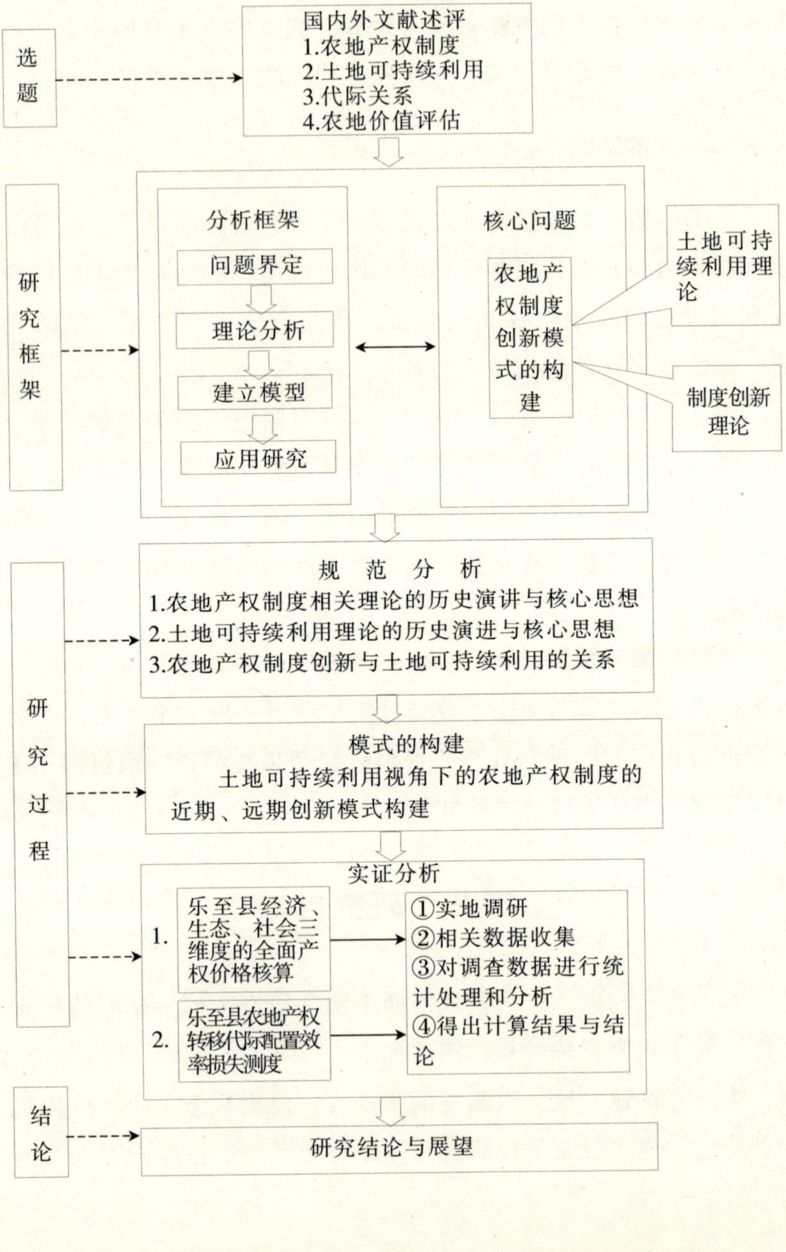

产权制度创新安排中，提出近期和远期农地产权制度创新模式。

第二，两个实证研究，形成重要成果。对农地产权价格核算与产权转移过程中的农地代际配置损失进行研究，从规范性和实证性两方面入手来解决以上问题，同时，对这两个问题的解决也是本书研究农地产权制度创新的重要成果。

第六节 可能的创新性、局限性与展望

一、可能的创新性

本书拟在以下三个方面进行创新：

（一）突破农地产权制度创新模式单纯考虑效益维度的局限，把代际公平目标引入我国农地产权制度创新模式的构建中，提出基于代际公平维度与效益维度二维结合的农地产权制度近期与远期创新模式

以往农地产权制度安排模式研究只注重效益维度的诉求，本书把代际公平目标引入到我国农地产权制度创新模式的构建中，把代际公平原则和产权制度效益维度二者进行有机结合，突破只考虑效益维度的局限性，力求作出有关农地产权制度创新思路的有益探索。本书认为，我国农地产权制度创新应该建立在阶段性的渐进演化的基本格局之中，根据经济发展的不同阶段，结合代际公平原则作出相应的制度安排，从理论上提出了代际公平原则和效益维度二者有机结合的农地产权制度的近期、远期创新模式。近期模式是：集体股份所有，承包使用，促进产权流动，以代内公平为主，代际公平为辅；远期模式是：国家所有，农民永

佃，家庭农场经营，代内公平和代际公平相结合。

(二) 创新农地产权价格核算方法，建立基于土地可持续利用理论的农地产权价格综合测算体系，并进行实证检验，得到实现农地产权制度创新的价格工具

针对现行农地产权价格估价工作中只考虑农用地的经济价值，忽视社会、生态价值和代际公平因素的现象，本书力图从土地可持续利用的视角，以四川省乐至县农用地为样本，运用调研资料，计算基于土地可持续利用理论的乐至县农地产权价格。在评估中充分核算农地的经济、社会、生态价格，具体量化代际公平因素，对农地价格评估方法的创新具有一定参考价值，以期作为实现农地可持续利用的价格工具。

(三) 摒弃传统的测度农地代际配置效率的直线拟合法，采用贴切实际的逻辑斯蒂曲线模拟产权转移的供需曲线，克服了拟合偏差，提高了测度精度

以往研究中对于农地产权转移代际配置最优数量的模拟，均采用供需直线拟合理想数量，供需呈直线无限延伸状态，而农地产权转移的数量始终不能超越农用地初始数量的约束，呈直线无限延伸的产权转移数量造成了模拟的偏差。因此，本书力求突破直线拟合的局限，采用更为合理的逻辑斯蒂曲线模拟产权转移的供需曲线，力求克服拟合偏差，提高测度精度。本书以1988—2008年为研究区间，对四川省乐至县农地产权转移过程中的农地代际数量损失和代际配置效率进行测度，检验过去代际配置效率损失，也达到对未来农地产权配置提供参考之目的。

二、局限性与展望

本书尝试对土地可持续利用视角下的农地产权制度创新等相关问题进行探讨与研究，但囿于作者的学识水平和研究时限，研究中存在诸多不足，尚有很多工作需要进一步地深入研究，后续研究依然任重道远，期待对以下三方面的问题进行探索：

（一）模式有待系统和完善，结论有待讨论和验证

由于时间和理论水平所限，土地可持续利用视角下的农地产权制度创新模式研究尚处于起步阶段，本书只针对模式中的制度安排作出初步阐述，关于模式的具体运作范围与机制、创新阶段、成本和策略选择问题都有待系统和完善；创新模式中的一些制度安排还有待在时间和空间层次扩大讨论和验证，才能更好地为农地产权制度创新的政策调整作出参考。

（二）价格核算不够充分，方法需要探索

农地产权价格核算中关于社会价格的评估，由于受到数据资料收集的限制，未核算农地的社会稳定价格，且农用地其他价值的评估中尚有许多项目未纳入核算范围，在以后的工作中亟待补充全面的农地产权价格核算范围；关于农地代际公平因素的量化方法，需逐步探索更加有效、可行的方法对其进行准确测算；在农地产权价格核算中应坚持静态和动态分析相结合的价格评估方式，不仅着眼于现行核算方式，而且应展望其未来的变化趋势。

（三）选取不同地区横向比较，测度全国农地代际配置效率

本书以四川省乐至县为基础，对农地产权转移中的代际配置效率现状及其原因进行了实证研究，以期达到测度我国农地代际配置效率的目的，而更为有效合理的测度方法是在全国选取与乐

至县行政级别平行且有区域差异的几个地区作为研究样本，采用面板数据分析方法对每个地区样本进行时间序列研究，并进行样本间的横向比较，以此达到对全国农地代际配置效率进行检测之目的。但是囿于相关数据收集存在难度，因此本文只针对乐至县一个区域展开研究，这是本书研究的遗憾，也是今后亟待努力研究的方向。

第二章 国内外文献研究述评

土地可持续利用视角下的农地产权制度问题具有系统性的特点，围绕此命题，分别对国内外土地可持续利用、农地产权制度、农地价格评估以及代际关系问题进行分析述评是本章的主要任务。通过对上述问题的中外文献进行回顾与总结，带着学习与创新的态度发现现有研究所取得的进展以及存在的不足，加深对研究问题的认识，进而引申出本研究的可能创新。

第一节 国内外关于土地可持续利用的研究述评

一、国外关于土地可持续利用的研究述评

土地的可持续利用是国家持续发展的基础与动力。1990 年首次提出土地可持续利用思想以来，围绕土地可持续利用的相关研究就成为国际社会与学术界的重要研究领域之一。土地可持续利用研究是基于时间维度的延伸趋势所开展的一种评判研究，是可持续发展理论应用于土地评价领域的表现（陈百明、张凤荣，2001）。1976 年，FAO 出版了《土地评价纲要》，其中把 “适宜性是指可持续利用” 的理念作为土地评价方法的六项基本原则

之一，虽然当时关于可持续的概念仅仅指土地利用不导致环境退化的问题（FAO，1976）。

20 世纪 90 年代以来，围绕土地可持续利的相关研究先后在世界各国逐渐开展，世界银行也将促进土地持续管理列为它的重要投资研究目标之一（World Bank，1997），以土地可持续利用规划、土地利用变化的可持续分析、土地可持续利用的管理与制度以及“3S”信息技术在土地可持续利用领域的应用为主要研究内容。围绕区域综合化理论而开展的经济、社会、环境多目标综合的土地可持续利用规划、系统整体的土地可持续利用管理领域进行深入研究已经成为研究热点（Williams，1991；Jacobs，1992）。

作者就国外土地可持续利用研究的一些重要文献作出述评。

Dumanski（1997）针对土地可持续利用中的管理问题进行了专门的研究。文中分析了可持续的土地管理要求，特别是农业中的技术、政策和行动的整体一致性，通过这样的方式来增强经济的表现性并同时维持自然基础的环境功能和质量，采用五项标准明确了被评估的可持续管理进程。这项五项标准是：生产率、安全性、保护性、生存性和可接受性。明确的概念和标准是土地可持续管理的基本原则和基础，持续土地管理能够得到较好的发展。在发展过程中，土地使用弹性和社会平等原则也添加进了基本原则，土地可持续管理的定义和支持系统也经受住了实践的检验。土地可持续管理的概念也充分体现了可持续发展思想，在农村和城市都有发展动力。现今，国际协议达到了如下的土地质量指标：（一）短期的五项指标：营养均衡、产量趋势、生存性、土地使用强度、土地使用的多样性。（二）三套指标（需要长期研究)：土壤质量、土地退化、农业生物多样性。（三）四套指标（需要其他工作群体较好地发展)：水体质量、森林土地质量、牧场质量、土地污染。以上都是土地可持续管理中土地质量的组成部分，另外能够被实施用作其他目标的支柱指标有：经济可行性、系统的弹性、社会公平性、农地可接受的净盈利能力、土壤保护实践的使用。虽然这些只是总的主题，不是具体的指标，但是为土地可持续管理提供了标准、要求以及具体有效的方向，并为进一步研究指明了方向。该文指出，农民和其他土地使用者是农村土地资源的管理者，其他集体组织将最终决定土地使用系统的可持续性。

该文针对土地可持续利用中的管理问题进行了专门的研究。围绕土地可持续管理的标准与指标展开分析，并讨论了土地可持续管理的内涵、目标与原则，最后并得出结论，谁是土地可持续管理的管理者以及影响土地系统可持续管理的最终决策者。该文是涉及土地可持续管理方向较为综合的基础性文献。

OTSUBO（2003）介绍了土地使用保护计划，该计划是全球环境研究计划项目之一，项目从1995年建立，全球环境保护计划由日本的环境机构发起，这项计划的最后目标是：在东亚地区，倡导基于土地可持续利用要求来实施全球环境保护政策。这篇文章介绍这项土地使用计划的成果。在这个计划里，有四个主题被讨论：（一）中国大陆目前和未来的食品均衡；（二）适于耕种的中国北部和东北部土地的生产率；（三）中国北部地区的地下水资源的消耗；（四）长江流域最低盆地处源于城市化进程的耕地与谷类作物的减少。

这篇文章分析了土地可持续利用对于环境保护的作用，并结合中国土地利用实际，细分出食品安全、土地生产率、耕地减少等有关影响土地可持续利用的因素，对我国土地可持续利用问题具有一定的参考性。

Cavric（2005）分析了土地可持续利用规划的问题。对于非洲 Botswana 地区农村土地规划和发展，作为一个独特的土地功能实体，需要采用一个整体方法集中研究农村和城市郊区。目前，该农村地区正在经历着三个阶段：（一）人口减少、人口老龄化以及最富生产力的人群的减少源于农村和城市移民和艾滋病的影响；（二）土地的逐渐退化和失控的农村城市化现象，特别是在主要城镇像 Gaborone 和主要的一些城市村庄的边缘地区；(三）土地的容量、适应性、使用权以及所有权造成的土地少有使用以及不充分使用。通过一个整体的农村计划实施，能够解决现存的土地使用问题和资源退化问题，并起到积极作用。在此过程中，重视安排使用农村、城市一些常规的土地因素并结合土地的发展因素。

该文面对城市化进程中的农村土地退化现象，根据农村土地的容量、适应性、使用权以及所有权性质，结合土地可持续利用理论作出相应的农村土地整体可持续利用规划，是土地可持续利用理论应用于土地利用规划的理论与实证相结合的文献。

Hoffman，Allsopp，Rohde（2007）介绍了南非 Namaqualand 地区土地持续利用情况，描述了这个半干旱地区独特的环境、历史和社会背景，以便较好地理解该地区土地可持续利用实践。文中分析了影响土地可持续利用的因素：第一，土地可持续利用深受国内与国际事件的影响。第二，土地可持续利用受产权制度影响。文中就根植于南非殖民地和种族隔离制度的一个双层土地使用权系统（私人和集体所有）进行了分析，此产权系统已经深入地影响了土地持续利用方式。第三，土地利用实践的动态与综合的特性以及受当地环境影响也是重要因素。第四，土地持续利用对于生物群落、生产系统、地区的修复潜力具有长期影响。第五，生物物理学与社会经济学科交叉对于土地可持续利用的影响。文中调查了这个地区在南非种族隔离后期的土地改革进程，发现改革进程缓慢并且找到一个有利于 Namaqualand 地区大多数边缘化群体的土地产权制度改革的方案非常困难。

该文从政治学、经济学、生态学、生物物理学、社会经济学的视角研究了南非土地可持续利用的影响因素，并着重分析了南非在特定的殖民地和种族隔离制度后期的农地产权制度体系及其对于土地可持续利用的影响，其私人和集体所有的双层土地使用权产权系统对于土地可持续利用的作用与影响。这些对本书的研究具有启示与参考意义。

二、国内关于土地可持续利用的研究述评

伴随国外土地可持续利用研究的逐步深入开展，20 世纪 90 年代中期我国专家学者开始对这一课题逐渐关注，并进行了相关研究。虽然研究时间较短，但成果突出。1997 年，中国土地学会召开了以“土地保护与可持续利用”为主题的学术年会，由此标志着我国土地可持续利用研究的最高水平以及最新成果，其研究领域与成果主要涉及农村与农业的可持续发展、土地保护与可持续利用、基于可持续发展观的农地发展与利用等 （谢俊奇，1999）。对近年来国内土地可持续利用的相关文献进行综合分析，其研究成果主要体现在以下七个方面：

（一）土地持续利用的内涵分析

尹君（2001）基于土地资源的属性，从时间、空间尺度、数量尺度、空间比例尺以及国家尺度等多种维度对土地可持续利用的内涵、本质与特征进行了分析与讨论。尹君认为，为实现土地资源可持续利用的目标，可以采用技术手段延长其利用期限或者用替代资源代替，其资源利用带来的环境影响应该适应于地球承载力。张凤荣（1998）基于社会、经济与环境的角度讨论了土地可持续利用管理的概念界定。他指出："土地利用管理方式能否具有持续性，可从此种方式对土地生产力的促进性、经济可行性、社会可接受性、土地环境与资源的保护性等多方面进行判断，对以上因素综合考虑，尤其对是否破坏后代人生存的资源环境这一问题进行着重思考。"穆广荣和陆效平（1997）从土地资源的可持续内涵出发，针对土地资源的四种平衡方式（总量平衡、区际平衡、代际平衡和质量平衡）对土地可持续利用的影响因素进行了研究，并总结出土地代际平衡与生产的稳定性、土地质量平衡与土地生产力、区际平衡与经济可行性和社会可接受性、资源保护等四方面的土地可持续利用的平衡方式。

（二）土地持续利用的系统分析

谢俊奇（1999）认为，土地单元以及利用方式构成了土地可持续利用系统。并指出，土地可持续利用系统研究的切入点可由系统的划分与构成、系统的管理指标体系及评价、系统的管理规划等三个方面组成。通过定量研究的方法对土地可持续利用系统的指标体系、评价与规划方法进行深入研究是课题的重点，特别是采用数学模型对土地可持续管理规划系统进行评价具有重要的意义。刘吉平等（1999）认为，土地可持续利用系统是一门复杂的系统工程，涉及多学科、多技术，土地可持续利用系统下的土地可持续利用评价工作的开展、土地资源动态监测技术及土地管理信息系统的研究、土地使用制度及其效用研究、土地利用规模研究等问题的研究意义显著，需不断深入探索。张殿发和黄弈龙（2000）主要从土地可持续利用的经济和生态属性出发，阐述了系统的经济、生态特性及其实现的基础。他们认为，土地经济生态的平衡与土地可持续利用相互联系与依存，土地可持续利用系统必须达到经济与生态效益的统一。

（三）土地可持续利用的研究方法与技术

刘彦随和鲁奇（1998）对苏南现代化进程中的土地持续利用问题进行了分析并提出相应的解决对策，提出了土地持续利用的分层控制技术操作模式，此控制模式包括决策控制、属性控制和实施控制三个模块。李仁东（1997）认为，土地可持续利用以自然环境为研究基础，可借助卫星遥感等图像手段对土地利用现状及环境相关信息进行真实反映，从而了解土地资源的利用状态，掌握资源遭受破坏的信息，可为土地可持续利用环境的综合研究提供重要的信息基础。黎夏和叶嘉安（1999）运用遥感技术以及地理信息系统设计出土地可持续利用的规划模型，并以此形成合理的土地发展规划，探索出减少土地资源浪费的新途径。他们所提出的规划模型着眼于土地的需求和供给因素，基于资源分配的优化模型从时间维度对土地资源进行了优化配置；同时，运用土地适宜性理论，利用地理信息系统中的空间分析手段来协调不同用地类型之间的矛盾，从而形成土地可持续利用的规划与评价体系，以此达到土地资源空间利用的高效持续目标。

（四）土地持续利用的规划研究

刘岩（1999）认为，土地利用总体规划体现了土地资源可持续管理的目标，编制土地利用总体规划应以土地可持续利用理论为指导思想，土地资源的可持续利用是规划方案合理性与可行性的评价标准。同时，土地利用总体规划的顺利有效实施也能确保土地可持续利用的实现，并据此设计出与土地可持续利用相适应的规划内容。谢俊奇（1999）认为，土地可持续管理规划的本质就是对土地资源管理的整个过程作出规划，土地可持续管理规划应针对土地资源的综合利用和具体特性进行整体设计，通过利益相关者联合参与规划制订，以此达到规划的社会可接受性目标，通过土地管理利用的各种实施办法，实现土地的生产服务、安全保障及社会广泛接纳的综合目标，并在土地的生产能力与环境承载力之内最大限度地满足人类需求，并针对土地可持续管理规划的基本内容和程序进行了阐述。

（五）土地持续利用的制度、管理研究

陈百明和陈安宁（1999）认为，土地可持续利用需要保持一定数量的耕地，增强耕地的生产能力，并提出进一步完善耕地经营制度的措施。万劲波和张想贵（2000）认为，影响土地可持续利用的主要因素包括：政治、经济、环境、生态、制度、国家发展状况、人口素质等方面。在影响区域土地可持续利用的因素中，制度起很大的决定、推动和补偿作用。王静（2001）阐述了区域土地可持续利用的内容构成并对土地用途分区管制的特征与内涵进行了详细论述。她指出，国家实施土地用途分区管制制度是对土地资源进行管理、计划、控制、引导和利用最具效力的公共手段与措施，土地用途分区管制所实现的社会目标和土地可持续利用的实施目标相同，其终极目的就是要达到土地可持续利用的目标。文章也论述了土地用途分区管制制度的实施对于区域土地可持续利用的积极意义。胡亦琴（2008）认为，土地的可持续利用是农业可持续发展的基础，我国现行农地产权制度残缺，土地保护不力，利用效率不高，农民权益得不到保障等问题已经严重制约着土地的可持续利用，顺应土地可持续发展要求，明晰和界定农地产权边界，稳定产权权能，保障产权权益，完善农业自我积累和生态保护机制，是保护土地资源、促进土地永续利用的有效激励。

（六）土地持续利用中的农户行为分析

谭淑豪等（2001）研究了不同经济政策对不同类型的农户的激励差异，由此导致农户可能采用不同的土地利用方式从而产生不同的土地持续利用效果。文中提出了相应的政策调控模式，此模式可兼顾政府土地可持续利用目标和农户经济收益最大化目标，使宏观和微观主体得以双赢。其中有这样的论述："为了达到土地利用中的'双赢'目标，政府可以制定与实施相关政策措施，以此规避不利于土地可持续利用的行为产生；同时可以运用经济手段，促进农民增加农地的保护性投资。通过这样的'规避促进'的政策制定，以此实现土地的可持续利用。"张晓平（1999）研究认为：1. 农户行为是影响土地可持续利用的关键因素；2. 农户对农地保护性的投入强度是农户行为对农地可持续利用的直接作用因素；3. 农户土地投资行为的主要制约因素有宏观和微观两类因素，宏观因素有政府政策及行为、土地产权制度、价格，微观因素有农民收入、农地经营规模、农民自身素质。在土地制度设计与实施过程中，应把农户行为作为土地可持续利用决策体系的重要影响因素加以考虑，具体的操作措施有以下6项：1. 改革完善农地产权制度；2. 支持农业全面综合发展；3. 加大农业科技投入；4. 实施生态农业；5. 增加农民收入，减轻农民负担；6. 构建与完善农村社会保障服务体系。诸培新和曲福田（1999）针对农户的土地投入对土地可持续利用的影响进行了深入研究，以农民的农地投入对农地生产力的作用与影响为变量，将投入分为长期与短期两种类型，并着重论述了两种类型的土地投入的差异与共同之处。文中指出："两种类型的投入存在许多相似之处，二者的最大差别是收益性与投资的可能性之间差异较大，其差异性对于农户的投入性偏好作用巨大"；"当前农民对农地的投资能力与愿望之间的差异很大"；"为了土地持续利用的实现应该保护农地的长期生产力，对现有的农地政策作出一定的调整，以此激发农户对农地长期投入的积极性。"陈佑启和唐华俊（1998）认为，农户作为区域经济社会的基本单元，在土地资源的利用和开发过程中行为不具有持续性，与区域可持续发展的总体目标不协调。通过分析得出，影响我国农户土地可持续利用行为的主要因素包括：农户的家庭经营方式、农民的文化素质、农地经营制度、政府行为与政策措施、区域经济社会和环境的发展等。赵登辉（1998）基于农户这一土地利用的微观主体，根据农地所具有的复原性与稳定性设计出农地可持续利用模型，并针对当前我国实施的工农业政策对农户土地利用行为的影响进行了深入分析，结论认为：经济、社会、法律、公共政策诸多因素影响、制约着农户对农地最大化利用的追求，农户的土地可持续利用行为、粮食保障、收入、休闲和农地资源体系的长远再生等目标存在着一定的矛盾。

（七）土地持续利用的景观生态研究

邱扬和傅伯杰（2000）认为，景观生态学与土地可持续利用具有概念的同一性，根据景观生态学理论，土地可持续利用就是协调安排当代人与后代人之间基于土地资源而产生的经济、社会与生态的合理需求，并且高度重视土地资源质量的保持和增强。通过景观生态学这一重要理论，可为土地持续利用评价研究提供一个崭新视角，其理论对土地持续利用评价的理论基础、概念原则、指标构建、评价方法的作用与影响巨大。作者通过以下四个方面探讨了景观生态学基本理论对于土地可持续利用评价的具体应用：1. 景观生态的综合整体性对于土地可持续利用评价的系统性的应用；2. 景观生态的尺度特性（空间、时间及重点尺度）、空间布局和生态过程（空间结合的稳定性、空间布局和生态过程的关联研究）运用于土地持续利用评价的时间、空间和生态特性之中；3. 景观生态的干扰与人类作用（干扰与适应性、人类的影响）对于土地可持续利用评价的影响与干预的应用；4. 景观生态的多元价值与多目标性对于土地可持续利用评价的多层次价值和目标的应用。张惠远和王仰麟（2000）指出，以往土地利用优化配置的基本模式基于经济效益最大化目标，以此保证土地的数量结构优化，对空间格局的生态优化完全忽略，而后者却是土地可持续利用实现的另一关键要素。景观生态学的理论思想与研究方法则为此提供了有效解决途径。把景观生态学应用于土地资源，从而形成土地资源空间利用的生态优化研究方法。其主要方法包括景观生态规划的系统模拟、适宜性评价、空间格局优化。同时，国内众多学者根据不同区域所独具的生态特征，采用专题研究的方式对不同区域的土地可持续利用问题展开了研究。

例如，郝晋珉和辛德惠（1996）针对农用地这一土地类型进行了可持续利用问题的专题研究；程克坚等（1998）、蒙吉军和刘家明（1998）均研究了干旱绿洲这一土地类型的可持续利用问题；刘卫东（1997）、田继敏等（1999）针对城市土地这一土地类型展开了可持续利用问题的研究；张保华和陈莲华（2000）、刘利锋和陆红生（2000）深入研究了城市郊区土地的可持续利用问题；蒙吉军和蔡运龙（2001）研究了我国山区土地的可持续利用问题；刘黎明等（2001）和龙花楼（2001）分别对草地和开发区土地的可持续利用问题开展了专题研究。

以上关于国内土地可持续利用的研究文献多发表于20世纪90年代中期至2000年初，此期间处于土地可持续利用研究的高潮期。2000年以后，研究逐渐趋于相对停滞状态。究其原因，有如下几点：第一，伴随土地可持续利用问题研究的深入，研究难度增大；第二，土地可持续利用研究理论的深度欠缺，一定程度上制约了研究的深入与拓展，使该领域研究走入了阶段性的低谷，但是这也符合科学研究的规律。土地可持续利用这个内涵丰富的理论已经在国民经济的发展实践中发挥了重要作用。因此，认真回顾与总结土地可持续利用研究的历史，查找其缺陷与薄弱环节加以完善，不仅有利于土地可持续利用研究理论的完善，而且将使其服务于实践的功能大大提高。这一领域有继续研究和探索的必要性和可行性。

第二节 国内外关于农地产权制度的研究述评

一、国外关于农地产权制度的研究述评

国外农地产权制度的不同视角、新制度经济学的理论逻辑和框架结构是研究农地产权制度的有效工具。国外关于农地产权制度的相关研究涉及新制度经济学中的产权制度变革的三个主流派别：效率学派、分配学派以及政治经济学派。围绕这三个学派对农地产权制度问题进行了大量的研究，取得了极大进展。现将相关文献作一系统回顾，以期对本书研究有所启示。

联合国（1951）发表了一篇名为《土地改革：不适应的农村结构对经济发展的阻碍》的报告。在涉及农地产权制度安排的专题研究中发现，相对于其他制度安排，所有者自耕形式的产权制度安排可更为有效地配置土地资源，从而增加对国民经济增长的贡献。雄次郎和拉坦（1993）在《农业发展：国际前景》一书中认为，在相同的生产规模条件下，所有者自耕的产权制度安排所产生的生产率最高，产权部分自身所有、部分租佃的制度安排所产生的生产率次之，分成租佃的产权制度安排生产率最低。舒尔茨（1987）在《改造传统农业》一书中指出：采用经济手段为基础的市场，利用生产要素和农产品的价格手段对农民的生产行为产生刺激所得到的效率最高；通过控制农场规模的方法，采用家庭农场的模式对传统农业进行改造，生产效率较高，因为家庭农场的所有权和经营权两权统一，能够适应市场变化；集体所有制

的产权形式带来的农业生产效率较低，需要改革这种低效的产权制度安排。吉利斯、帕金斯等（1989）在《发展经济学》一书中认为，土地所有制是影响农业生产率的最重要因素，一旦农民拥有土地产权，他们会提高生产积极性，增加土地投入，农业技术和产量得以提高；如果土地产权归于他人，其结果相反。速水佑次郎和拉坦（2000）在《农业发展的国际分析》一书中认为，由于科学技术的发展，从而导致了农地产权制度的不均衡，这是制度变迁的主要动因。他们设计了完整的农地产权诱致性制度创新模型，同时建立了农地产权制度创新机制。速水佑次郎和拉坦建立的诱致性制度创新理论不仅为发达国家农地产权制度创新提供了思路，而且为中国农地产权制度创新提供了可行的途径与理论基础。

美国经济学家帕金斯（1987）在《中国农业的发展》一书中，以 1368 年到 1968 年 600 年时间跨度为研究区间，对中国农地产权制度的变迁进行了详细研究。研究指出，农地租佃的产权制度安排并不影响土地生产力，而保证佃农耕种指定农地的权力，确定一定的耕作期限，制定合理的地租计算方法以此保证地租的缴纳对土地生产力影响重大。帕金斯所得出的结论对当前我国农地产权制度创新的研究意义尚存。邹至庄（1987）在《中国经济》一书中，基于人民公社制度安排下的生产和分配问题，发现劳动分工制度、劳动力仅限于公社内的流动是人民公社制度安排对农业效率增长的影响因素。邹至庄认为，由于人民公社制度安排下没有土地和劳动力市场，农地的使用不需成本，劳动力没有流动性，导致农地资源配置效率低下，农业生产效率低下。

Jaganatanhan（1987）的《发展中国家的非正规市场》一书，

有部分内容论述了传统社会非正规的农地产权市场中的市场行为关系对于农地资源配置、产权交易以及农地使用效率的影响，同时分析说明了非正规合约对于无形资产和产权的形成具有重要作用与影响。

美国农村发展研究所（1994）、普罗斯特曼（1996）、汉斯达德（2000）对中国农地产权制度创新的政策措施、农地产权制度的具体实施、农地使用方式与期限进行了详细的实地调查研究，提出了对中国农地产权制度改革具有积极意义和可行性的政策建议。

Smith（2003）分析了非洲的土地使用权制度改革，运用新古典经济学的假设（安全的个人土地使用权对于农业发展有积极作用，从而刺激经济的发展）对非洲的农地产权改革效率进行了研究。土地使用权改革作为社会进步的工具，是抵抗耕地开发不充分的一项排他性的政策，这篇文章重新审视了有关非洲土地使用权改革的历史，评论了新古典经济学模型把使用权安全与更高的生产率相联系的观点，运用了来自非洲的经验数据来检验新古典经济学模型，在非洲的经验数据中并没有发现所预期的积极效果。Smith 的研究中揭示了产权证书的负面效果，其负面效果特别造成了贫穷农民土地使用权的不安全，而这些农民本应从这项产权证书发放政策中获益。在非洲产权制度改革的最后十年中，土地使用权改革已经从承诺增加收入转向了一个防卫、保护性的姿态，以此达到反对社会精英的掠夺行为，保护农民生计的目的。该文探索了古典经济学模型在非洲次撒哈拉地区没有取得应有成果的原因，描述了这个模型中应用于非洲背景的一些内生缺陷。这些缺陷包括：1. 在非洲，土地对于生产并不是稀缺因素；

2. 对于信用的低需求；3. 先进技术的欠缺；4. 管理水平的低下。最后，针对上述缺陷对模型进行修正，以便对非洲土地使用权制度改革进行深入研究。

这篇文章对新古典经济学中一个假设——安全的个人土地使用权对于经济效率的正相关作用进行验证，但是非洲次撒哈拉地区实验结果没有发现对假设的支持，并针对模型产生的缺陷进行了分析。该文根据研究实际，提出研究假说并进行实证检验的研究方法，对于我国农地产权制度的研究方法具有较好的借鉴与启示意义。我国对农地产权制度效率的分析大多采用规范分析的研究方法，少有采用提出假说并进行相关论证的实证分析，结论缺乏研究数据的支持，从而降低了研究的科学性与准确性，今后的研究工作中应注重学习该文的研究方法与思路。

Hundie（2006）解释了埃塞俄比亚的牧区土地产权制度的变革。文章基于一手和二手数据，针对现行土地使用类型的制度安排作出了解释，对传统牧民部落权利的改变过程进行了描述，着重分析了在 Anbash 地区，国家作为土地产权改变的驱动力因素，在灌溉农业区的作用巨大，但是在其他地区的干预作用非常小。特别是始于 1960 年国家强制干预措施对于牧区中牧民家庭生活状况有着负面的影响。除了国家作为土地产权制度变更的动因，自然、社会经济因素也是当今土地使用权制度改革的重要解释因素。

文中着重分析了产权制度变革的动力因素，针对当今有关产权制度变革的三学派——效率学派、分配学派以及政治经济学派各自对于产权变革作用机制作出具体分析，并结合埃塞俄比亚的牧区土地产权制度变革实际，分析得出国家干预是土地产权制度变更的主要因素，但国家对产权制度安排的作用并不能使居民生活状况达到最好效果。部落土地产权和个人产权二者在商业农场这种产权模式中得到较好的结合和体现。我国自古就是一个小农经济国家，今天仍是一个农业大国，我们在土地产权制度改革问题上必须借鉴农业经济国家或地区的土地改革成果，不能过多参照西方国家的土地改革理念。因此，未来我国的土地改革应该更多地借鉴与我们社会制度相似的发展中国家的土地改革成果。该文提出的部落土地产权和个人产权以商业农场这种产权运作模式对我国农地产权制度创新具有重要的启发与借鉴意义。

Mariara（2007）这篇文章用来自于肯尼亚的观察数据，以经验实证方法检验了 Boserup 的假说（人口压力诱导产权制度的逐渐改变），创新性地探究了人口密度和土地产权与土地保护二者之间的关系。结果显示，产权和人口密度之间的关系呈现出产权伴随人口密度增加而逐渐采取保护性措施的特性。文中进一步分析了在其他协变量影响下，产权和资产对于土地保护实践起到的作用。经验数据结果证实，个人土地所有权有助于土壤堤岸工程的修筑、植被和树木的种植，但是对于梯田修建没有帮助。

该文在 Boserup 的假说之上，创造性地引入产权和其保护产权措施之间的关系进行分析，建立起人口密度、土地产权与土地保护三者之间的关联，运用在肯尼亚收集到的一手数据来验证假说的正确性，具有实证研究工作的科学性与规范性。我国与肯尼亚同为人口大国，人口数量多、增长快，人均资源占有数量少，土地保护性投入不足，严重影响了土地的可持续利用。因此，此文具有一定的参考价值。

Hare（2008）分析了越南农地产权制度改革的起源与影响。

越南从 1993 年起制定了相关的土地法律。这既是出于增加农民土地使用的安全性的需要，也是增加土地流转性的需要。这篇文章探寻了影响农户拥有土地产权证书的变量，寻找一些确定因素解释私有化产权的出现，同时也测度它对农业产量效果的影响，并对有关土地产权制度的变迁和影响的文献以及越南最近的农用土地政策进行了回顾，对南越湄公河三角洲与北越红河三角洲的地区差异进行了分析（包括土地使用权证书的拥有情况）。通过研究发现，导致产权私有化的出现条件与农村集体土地使用证书的拥有比例相关，在测度土地使用证书对于农业产量效果上，农村集体所起的作用也很重要。研究结果表明，在湄公河地区增加的农业产量刺激源于土地私有化的政策导向，但是并不是土地产权私有化都能导致产量的增加。对于追求更加富有效率的产量，土地使用权证书创造多项刺激，但是缺乏相关条件和制度支撑的产权，产权证书的直接贡献还是相当小。

该文分析了越南农地产权私有化的起源因素，针对农地产权证书对于农业产量的影响与作用进行了实证分析。越南作为与我国接壤的国家，同为社会主义制度，同样经历了由计划经济向市场经济转型的经济体制改革。因此，学习借鉴相似背景下的产权制度变革的研究方法，对我国农地产权制度创新具有重要的参考价值与实践意义。

Deininger 和 Ali（2008）分析了乌干达重叠土地产权（农户既是一块土地的使用者又同是土地的所有者）的安全性，以及对农业投资的效果。运用大量的样本数据代入回归方程计算，结果显示，完全的土地所有权相对于部分拥有的土地使用权，在土壤保护措施上，前者的投入是后者的两倍；在树木种植上，前者的投入是后者的五倍，且具有统计上的显著性。完全的土地所有权在土地生产率和投资上具有明显的经济效益，产权重叠性的消除对生产率的提高具有深远意义。通过检验发现，通过自身的产权登记对生产率没有影响，法律条款对于增加土地使用者的使用权安全性只能排除一半的障碍因素。

乌干达为非洲发展中国家，对发展中国家的土地产权制度改革文献进行研究有必要性。文中采用回归方程对拥有产权证书的变量进行分析、检验和判断的研究方法值得借鉴与学习。

从国外的研究成果看，研究范围主要集中在经济不发达的发展中国家。这主要因为欧美发达国家的农地产权制度基本建立于土地私人所有制基础之上，农地产权保护更多地体现了地方政府的意愿，政府承担农地产权保护的部分成本，对农地保护的农场主进行补贴，所采取的产权保护措施也以市场机制形成的经济手段为主，发达国家农地产权制度功能相对比较完善。而上述文献所涉及国家的经济体制主要是社会主义公有制，农地产权制度正处于经济体制改革趋势下的相应变革中，农地产权制度研究的重心更多地关注于农地的粮食生产能力、农业生产条件等生产力因素。这与我国社会主义国家性质、农地公有制的产权制度有着相似的背景。上述研究与我国农地产权制度变革中涉及的目标方向、价值取向、政策手段和研究方法也有着极大的相似性。因此，学习借鉴上述国外研究成果，对于完善中国农地产权理论、探索适合国情的富有效率的农地产权制度创新等一系列理论和现实问题具有十分重要的意义。

二、国内关于农地产权制度的研究述评

20世纪五六十年代，国内关于农地产权制度的研究集中于政治经济学、农业经济学等领域。基本研究方法是运用马克思主义政治经济学原理，从生产力和生产关系、经济基础和上层建筑关系角度立论，揭示封建土地关系、资本主义土地关系的剥削性质，研究土地改革、农业合作化和人民公社的土地产权关系，论证对农村产权关系进行社会主义改造的必然性以及社会主义公有制、集体化、合作制的先进性、合理性，对主流意识形态和政府政策进行阐释，为建立社会主义农地产权制度和计划经济体制提供理论依据（郭新力，2007）。

在20世纪70年代末期，中国经济体制改革首先在农村启动。以建立和完善家庭承包经营制度为主线的农地产权制度改革的实践探索，为研究农地产权制度的创新提供了丰富的可观察的案例。家庭联产承包制虽然带来了农村产权制度的变化，但随着农业和农村发展外部环境的变化，这种制度自身存在的不足与缺陷逐渐显露。如何突破现有产权制度的思路、方法成为我国农地产权制度创新研究的核心问题之一。现将近年来关于我国农地产权制度的研究现状作一梳理。

（一）我国农地产权制度的研究趋势

从1990年开始，基于改革开放进程的有序推进、粮食产量逐年稳步增长的政治经济背景，“土地集体所有，家庭承包经营”的农地产权制度展现出蓬勃生机，国家出台相关法律予以肯定。与此同时，对农地产权制度进行根本性变革的声音渐小(靳相木，1998)。由于在意识形态、可操作性等方面存在大量分歧，

农地国有和私有两种不同的改革观点在学术界的争论逐趋弱化。因此，对现行土地集体所有制进行完善，成为学术界研究以及农地产权改革实践的重心（廖洪乐，1998）。

家庭承包经营制对产权制度中的效率与公平因素进行了折中，对此在实践中需要不断地完善。1987 年，中共中央提出了建立农村改革试验区的决定，由此，在产权集体所有的基本制度前提下，各种创新的农地产权制度形式相继在全国各地不断产生。基于国家制度的视角观察，党的十五届三中全会决定："要长期稳定以家庭承包经营为基础、统分结合的双层经营体制，坚定不移地贯彻土地承包期再延长 30 年的政策，赋予农民长期、稳定的土地使用权。"此后，以经济学、社会学、法学等为代表的学科的研究重心开始由是否实行农地集体所有、家庭承包经营的农地产权制研究，逐步过渡到了对农地集体所有制进行创新的探讨、家庭承包经营权的维持与巩固、农地使用权与农业生产率的关系以及农地产权制度的相关法律建设与完善等方面。

因此，我国农地产权制度研究的核心就是在坚持农地集体所有制下对产权制度安排进行相关研究。研究中注重了对新制度经济学与产权学派的学习与吸收以及数学模型的灵活运用，并采用大量的实地调查研究的方法，期望对我国农地产权制度研究作出贡献。

（二）基于集体所有制的农地产权制度模式的实践

1. 均田承包制

农用地在我国具有特殊的功能，除了具有生产功能之外，还具有社会保障功能。均田承包制的产权模式长期成为我国家庭承包经营制度的基本形态。它基于土地利用的公平性原则，把集体土地依据农户家庭人口或劳动力状况平均分配给集体经济组织内的农民，由此体现了“耕者有其田”的政策思路，其制度契合了集体经济组织成员对集体农地产权共同占有与使用的要求，受到大多数农民的欢迎。但是由于对公平原则的遵守运用，集体经济组织依据集体人口的频繁变动，不断地调整农地使用权，其负面影响已经违背了公平使用原则的初衷（何美然，2010）。农地使用权“三年一小调， 五年一大调”的局面，影响了农民对农地的预期，由此形成的后果如下：一是造成了农民对农地进行掠夺式的开发，影响了土地资源的可持续利用；二是导致了农民对农地只进行短期投资，忽视对农地的长期投资；三是造成农地承包经营权的不稳定，影响农地的流转性，形成了一方面农地资源缺乏另一方面农地大量抛荒的矛盾现状。

2. 贵州湄潭模式

贵州湄潭模式对集体土地所有权的产权主体加以明确，对农地承包经营权进行了完善，稳定了农民的投资预期。模式具体的内容是：由最小的行政单位——村作为发包方，具体行使农地所有权的产权职能；农地使用权不再伴随人口的变动而不断调整；允许合理、有偿流转土地使用权。贵州湄潭模式形成了“增人不增地，减人不减地”的制度安排，从而大幅度地降低了农地频繁调整的成本，巩固和稳定了农地承包经营权，有效地促进了农地使用权的合理流动。同时，可以控制集体农地被进一步破碎分割、便于土地的规模经营，抑制农村人口的过快增长（周诚，2000）。

3. 两田制

两田制是依据公平与效率原则将集体土地分为口粮田和责任田两种类型。口粮田基于公平原则依据集体经济组织的人口对集体所有的部分土地进行平均分配；责任田基于效率原则通过按人承包、按劳动力承包或招标承包的方式对集体农地进行分配。两田制的制度安排精髓是通过农地和劳动力两种生产要素的合理组合，从而形成农地的优化配置机制，许多学者对此项制度安排表示赞同（周诚等，2000）。骆友生、张红宇（1995）的研究表明，口粮田制度保证了农民对农地使用权的稳定占有；而责任田制度则同时考虑了政府利益，有效规避了土地平均分配制度所导致的不确定性，大幅度降低了额外的交易成本，达到了资源配置的帕累托改进状态。因此，两田制的绩效大于其缺陷。廖洪乐（1998）认为，公平与效率兼顾的两田制，在一些农地资源充裕、农业机械化水平较高、非农人口就业比例和农民非农收入比重较大的地区效果显著。同时，也存在对两田制批判的声音。大量的实地调研表明：伴随着两田制的推进，集体经济组织的领导人以收取土地“承包费”为由谋取私利，致使农民利益遭受损害。根据农业部 1997 年的统计资料，全国 23 个省、市、区中，主要通过行政手段推行两田制，其比例占到两田制实行总数的 83.5%（张红宇，1998）。孔泾源（2003）补充了实行两田制的限制条件，认为两田制只适应于既有一定的口粮田又有充足的承包田、农地资源较为丰富的地区。

4. 规模经营

规模经营的产权制度模式产生于我国大中城市郊区的农业用地以及第二、三产业发展水平较高的南方农村，目的是要解决这些地区农用地的抛荒问题。通过农民个体间的农地转让，以此形成农地的规模利用，实践中的“种粮大户”也即由此而来；也有通过乡或村集体经济组织收集并组织起农民承包经营的土地，采用“反承包”“倒租赁”“异地承包”的方式形成农地的规模经营(马晓河、崔红志，2002)。在规模经营模式实行过程中，其制度实施的成本偏高；由集体经济组织规模经营农地，其监督成本偏高并普遍存在分配不公的问题；在一些强行推广的地区，村社干部对于农地的收益分配、农地的租金、租期以及失地农民的安置等问题不能妥善地处理，农民利益遭受损失，偏离了农民家庭承包经营制初衷（张红宇，1996)。针对规模经营实践中出现的负面现象，我国政府由此规定：在二、三产业发达，农村劳动力大量向第二、三产业转移，农民收入稳定的地区，可以本着尊重农民意愿的目的，根据实际情况，对承包经营的农地作出相应调整，实施适度的规模经营(张红宇，2002)。

5. 股份合作制

股份合作制的核心是实行土地的所有权、承包权、使用权的三权分离。其具体内容是：首先由集体经济组织把集体所有的农地以股份的形式向农民发包，达到农地所有权和承包权相互分离的目的；随后把农民所拥有的农地承包股份投入集体经济组织，农地交由集体经济组织集中经营，集体经济组织掌握了农地的实际使用权，达到农地的实际使用权脱离于承包权的目的（廖洪乐，1998)。蒋励（1998）认为，股份合作制形成了集体土地产权由集体经济组织和农民共享的制度，是我国农地产权制度创新的最佳途径。綦好东（1998）认为土地股份合作制已经触及我国农地深层次的产权关系，其制度的实质是集体土地产权向农民私有产权的转化，这种产权结构在中国普遍适用，具有可行性与必要性。

6. 四荒地使用权拍卖

四荒地多为经济欠发达的山区及丘陵地区，其使用权拍卖的基本内容是：坚持集体的产权主体地位，将四荒地的使用权一次性拍卖给农民，其使用权限可达50~100年，农民拥有四荒地的继承权、转让权、出租权、抵押权和收益权（张红宇，1996）。由于农民获得的四荒地使用权有保障，权利稳定，对四荒地的整治成效明显。骆友生、张红宇（1995）认为，由于四荒地使用权一次性拍卖给农民，需要注意调动农民对拍卖参与的积极性，以此体现四荒地拍卖的群众性、参与性与广泛性。因此，对于四荒地拍卖既要注重效率原则，也要确保农民的公平利益。

（三）农地产权制度创新中的不同选择

我国农地产权制度创新的主要内容有以下两方面：一是稳定农地承包经营权，增加农民对农地使用权的信心，强化其长期预期；二是鼓励与支持承包农地的市场流转，实现农地资源的优化配置（綦好东，1998；张红宇，2002；钱忠好，2003；蒋励，2004；张慧等，2009）。

1. 稳定和强化农地承包权

在我国的农地利用实践中，不稳定的农地承包经营权的负面影响有两个方面：(1) 农地承包经营权呈现出“三年一小调，五年一大调”的局面，农地使用权不稳定降低了农民对农地的长期预期，导致了农民对农地中长期投资的不足。何凌云（2001）以农地产权制度安排对农民的利用行为影响为课题，对广东省进行了实证研究，得出的结论是：实践中的农地产权制度安排忽视了保持农地承包经营权的稳定性，由此导致农民对农地的短期投入不足，同时也造成了农民对土地肥力的疏于培养，形成农地长期性投入不足的局面。(2) 农地承包经营权的不稳定导致农民对土地进行掠夺式的开发与经营，影响土地的可持续利用。关于农地承包经营权稳定性所产生的积极意义，姚洋（2000）对江西和浙江两省 449 户农民进行过实地调研，得出的结论是：由于农地承包经营权的稳定性，农民趋向于有机肥的使用，使用无机肥的农地面积减少；产权的稳定性对农地的经济产量的影响不显著，对土地可持续利用目标的实现具有促进作用。

因此，对农地承包权进行稳定与强化可以促进农业经济的稳定发展，意义重大。实践中由于我国第二轮农地承包期限的延伸，让农民拥有了较为稳定的土地承包经营权，奠定了农地使用权的流转基础，为农业的专业化和规模化经营提供了良好的发展条件，形成了农地资源的合理配置局面。由此，许多学者对农地产权的稳定性问题进行了大量研究。林卿（1999）认为，由于农地利用实践中的规模经营、两田制等产权模式带来了大量的侵权行为，为避免这样的负面现象，提出稳定农地承包经营权的制度。温铁军(2000) 认为，农民拥有长期稳定的土地使用权的真正价值，在于对农地所具有的社会保障功能进行了稳定。学界对稳定农地使用权的政策普遍持支持态度，他们认为：大多数农民期望获得稳定的农地承包权利；伴随二、三产业以及城市化进程的发展，农民脱离第一产业，就业于二、三产业的机会增加，从而逐渐降低了农民依赖于农地的程度；随着计划生育政策的深入贯彻执行，一定程度上缓解了人口增加对农地所造成的巨大需求压力（张红宇，1998）。林卿（1999）认为，在人地矛盾突出、人均农地资源禀赋欠缺的地区，根据人口的变动对农地使用权进行平均分配源自于农民的自发要求。在农地承包期限 30 年内，如果不根据人口的变动不断地进行农地承包经营权的重新分配，农民就不能实现对农地公平占有的权利。因此，可以利用农地利用地区差异的原则，不可机械地实施“增人不增地，减人不减地”的农地政策。中共中央明令要求农用地的第二轮承包在1999年底必须完成，但实际情况是直到2000年12月，第二轮土地承包全面完成的比例只达到60.5%（全国农村固定观察定点办公室，2001）。关于农地承包经营权的稳定性，叶剑平等（2000）对我国17省的农村进行了实际调研，由此发现：农民对农地承包经营权的稳定性预期较低，仅约有13%的农民确信农地不会再次调整。通过上述相关研究，可以得出这样的结论：我国农地宏观政策的贯彻执行，存在着较多问题，阻力巨大。

2. 鼓励与发展农地承包经营权的流转

从1993年到2008年，中央先后制定了关于农地承包经营权的流转政策，强调在农地家庭承包经营制保持长期稳定的基础上，农地使用权可以基于依法、自愿、有偿的原则进行流转，并且规定了相关措施。基于制度经济学对土地产权理论的探讨，余鹏翼、李善民（2004）认为，土地所有权并不是对经济行为产生影响的最重要的决定因素，最关键的因素是土地所有者能够在最小的限制条件下对土地进行使用，并获得最大的经济收益，以及对土地产权进行转让的权利。根据经济学理论，土地资源只有采用转让的方式，价格才得以形成；通过价格机制的作用，资源自然会向最高价值的用途流动，由此形成土地资源的合理配置。土地资源的合理配置能够促进经济的高速增长和土地生产效率的提高。此外，由于我国农地产权制度具有一定的特殊性，出现了农地细碎化使用与经营的现象，由此限制了农地产业化、规模化经营的形成与发展；伴随工业化、城市化进程的迅猛推进，二、三产业的快速发展，为广大农民提供了丰富的非农就业机会。然而，因为农地补偿和流转机制的缺失，相当程度上制约了农村剩余劳动力向二、三产业的转移，并且阻碍了农地生产率的提高(殷善福，2009)。

为了使农地承包经营权趋于稳定，党的十七届三中全中全会制定了农地承包期永久不变的决定，伴随我国二、三产业发展速度的加快，城市化进程的迅猛推进以及第一产业投资数量的加大，农地的流转速度也在随之加快。2010年，中央农村工作领导小组办公室对全国15 个省、市、自治区的调查发现，各省、市、自治区都存在着较大面积的农地使用权流转现象，农地使用权流转的速度加快（中央农村工作领导小组，2010)。但是，现行的行政力量却是农地使用权流转的决定性因素，与市场力量比较，行政力量必定效率低下（姚洋，2001)。现阶段我国农地的真正自发流转还处于初始阶段，需要以公开透明的方式实施流转行为，克服流转市场透明度低的缺点，通过正规的形式确保土地流转的有效性（邹秀清，2010)。

(四) 现行土地产权制度缺陷及其对经济行为的影响

1. 集体所有权主体不明晰

我国农地产权制度中最严重的问题是集体所有权主体不明晰(杨学成、曾启，1994；张红宇，2001；张静，2003；韩俊，2004)。我国《宪法》《物权法》《土地管理法》等法律法规均对集体土地产权进行了明文规定，即农村土地归属于农村集体，但从未明确规定具体的产权主体载体。1998年中央农村工作领导小组对全国317个村级农村单位的调研结果显示：村民小组和行政村混淆共存的比例达到了14.7%（中央农村工作领导小组，1998）。针对农民自身而言，他们对集体土地产权主体的概念没有具体清晰的认识。龚启圣等（2005）对全国14个省、区、市的农民进行调研，结果显示，大约有50%的农民认为农用地的产权主体是国家。

2. 农地家庭承包经营权的内容不完善

关于农地承包经营权的内容设置，大量的文献对以下三个问题进行了研究：(1) 农地承包经营权利束中欠缺抵押权，由此造成了农民融资的困难(韩俊，2004)。(2)农地承包经营权利束中的处分权权利不充分。在实践中的表现是：农民把自己的土地承包经营权转让给本集体经济组织以外的任何单位或个人时，必须以村民代表或村民会议三分之二以上的多数同意为前提条件。(3)地方政府对土地承包经营权理解不准确，把土地承包经营权分割成三种或四种权利，很多地方政府从承包经营权中强行分离出土地使用权（王华春等，2004）。

3. 家庭承包经营权的稳定性差

由于农地产权主体不清晰的制度缺陷，在实践中各级地方政府常常以产权主体的身份对农地的使用权进行侵犯（刘守英，2005）。张静（2003）认为，我国农地产权规则由具有合法性的多个系统组成，由此造成我国农地使用规则具有不确定性。拥有农地所有权的集体经济组织、对农地所有权进行代理的基层政府、对农地进行使用的农民均组成了我国现行农地产权利用的直接或潜在当事人，都可以出于自身利益的诉求，参与农地产权规则的制定与选择，由此，农地产权的法律关系演变成为政治关系。集体经济组织、乡镇干部在农地流转时存在着干涉的现象

(马晓河、崔红志，2002)。在农地利用实践中，也存在着农民通过集体行动的方式对其他农地使用者的土地合同进行强行终止的现象，利用政府制定的土地政策替代土地法律的侵权行为也时有发生（张静，2003；张慧等，2009)。

4. 产权流动性差

如前述及，由于家庭承包经营权缺乏稳定性，直接后果是造成了农地使用权流动的障碍。我国现行的土地管理法全力保护农地承包经营权，适当调整承包农地的需求必须经过村民代表或村民会议三分之二以上的人数方可通过。以上规定说明，农民对承包经营的农地无权流转，若要流转，就要产生高昂的交易成本，从而影响农地使用权价值的正常体现（张红宇，2002)。史清华等人（2002）对浙江、山西的农地使用权流转进行调研，得出的结论是：限制农地使用权流转最为严重的因素是农村集体或者村社组织。

另外，在我国农村地区还存在着农村集体经济组织之间进行的农地集体所有权的交易现象，这不会影响农地产权归属于集体的性质，这只是属于集体所有权的产权范畴内进行的局部微小调整，有进一步研究的必要（张静，2003)。

(五) 积极合理地安排农地产权

1. 集体所有权主体的清晰化与弱化

韩俊（1999）建议取消村社集体经济组织的产权主体，把农村的另一行政组织——村民小组设为集体农地的产权主体，因为村民小组作为我国最基层级别的集体组织，对农地的信息与知识相对于其他级别的组织最为直接与丰富，从而作出的决策更利于农民自身利益的维护。贾生华（2001）认为，可以根据集体土地的利用类型，对其所有权的归属进行划分，乡镇建设用地其产权主体归属于乡镇集体，以利于乡镇规划的实施；其余的集体土地的产权主体归属于村社集体，其土地所有权交由村民委员会或者村民小组具体行使。郑凤田（1995）设计出弱化集体土地所有权主体，强化农地承包经营权的制度安排。集体产权权利束中的占有、使用、收益、处分等权利基本淡化，以农地承包经营权为载体赋予农民具有实际意义的产权。马晓河、崔红志（2002）提出，农民拥有的30年农地承包经营合同不得通过村民代表会议的方式改变，其观点值得我们发展与讨论。

2. 加强国家宏观管理者权力

杨学成、曾启（1994）认为，国家凭借农地宏观管理者的身份可以加强农地管理的权利，特别要增强的具体权利有：农地利用的规划权、农地的控制权、农地的征用权等，所有的农地权利还要以国家法律的形式保证其具体实施。郑凤田（1995）认为，在农地永包制的制度安排下，具体设立农地使用的控制制度、农地定期监测制度、农地续包制度、农地地租制度、农地的处置制度等配套的制度安排，以便国家从宏观制度角度加强对农地利用情况的监督，并具体阐述了上述宏观管理权利的制度内容。

关于国家对农地宏观调控需要加强的权利，许多学者着重针对农地使用权流转中的规范化管理问题开展了研究，具体内容如下：一是为了避免农地使用权的集中过度，并由此出现农地权利的垄断和不公平状况，国家应该在一定程度上限制农地使用权的流转，例如可以制定集体经济组织成员优先占有农地流转权；在农地资源稀缺以及第二、三产业不发达的地区，农地使用权适宜安排给农民自行使用，并不宜大量转让；关于企业进入农业领域进行大面积的农地使用，应持审慎态度，对公司使用农地的年限进行合理的限定（陈锡文、韩俊，2002；孔祥智，2004）。二是由于当前我国农地使用权流转尚处于探索阶段，所以应该逐步建立与完善农地产权流转市场的相关立法、实施与仲裁制度，完善与农地流转市场化建设步伐相匹配的农地信息和地籍管理制度(孔祥智，2004；胡亦琴，2008)。

3. 承包经营权的进一步稳定与强化

对于农地承包经营权的进一步稳定问题，一种观点认为，农地承包经营期延期 30 年的政策可以贯彻实施，在一些人地矛盾紧张的地区，可以尝试进行农地承包经营权年限的调整（张红宇，1998)。另一种观点认为，农地承包经营权应该维持与稳定，禁止任何形式的调整。叶剑平等学者在我国 17 个省、市、自治区进行了实地调查研究，得出这样的结论：通过农地小范围调整的方式解决现阶段的人地矛盾问题，会严重影响农承包经营权 30 年不变的政策执行，让农民对农地的安全使用没有信心，由此农民会减少农地的长期投资，所以在立法上对于一些农地调整应予以限制（叶剑平等，2000)。

关于农地承包经营权强化的问题，其具体强化方式是让农民享受真正意义上的占有、使用、收益和处置四项权利集中的农地承包经营权，而且特别要将农地的处置权更加充分地赋予农民。农地处置权的完整内容由以下权利组成：农地承包经营权的出租、转让、入股和抵押等（陈锡文等，2002)。杜润生（2000)、马晓河等（2003）从农民应该享受公平的国民待遇，对农村内需市场的挖掘与扩展等方面入手，详细研究了集体土地使用权用作抵押用途的可行性与积极意义。王景新（2000)、邹秀清（2010)

针对农地产权抵押问题进一步进行了研究，论述了抵押集体土地使用权之后，防范银行金融风险的相关技术以及农民的农地利用问题。

4. 农地非农化产权制度不断的探索与完善

在我国农地非农化进程迅猛推进的过程中，许多学者开始把研究的目光对准了失地农民的产权状况研究。当前关于此问题的研究文献主要集中在严格公共利益的界定、提高征地补偿标准、打破政府垄断土地一级市场的局面、农地产权制度根据财产制度运作等几个方面（钱忠好，2004；陈国富，2006；李珍贵等，2006）。农地产权制度创新必然会触及农村集体建设用地的上市经营、城市财政税收体系的完善等有关产权制度的深层次问题，也必须对城乡结构进行重新调整。而当前最为可行的创新措施是：严格规范政府对农地征收征用的程序，其补偿标准应该逐步提高，将补偿的重点集中于拥有农地使用权的农户，以此避免社会的动荡，维护社会的稳定（吴克宁等，2005；张慧等，2009）。

5. 物权与债权之争

学术界关于我国农地承包经营权的产权性质，有物权性质、债权性质以及债权向物权转化性质三种认识（张晓山，2006）。梁慧星等（1997）认为，现行的家庭联产承包责任制的制度安排通过农民与集体签订农地承包经营合同，从而让农民得到农地使用权，通过这样的制度安排让农地的所有权和使用权相互分离；农地的家庭联产承包合同，属于债权性质，农地家庭联产承包合同下的农地使用权，同样也是债权性质的权利。钱明星（2002）的观点是：农地承包经营权基于农地承包经营合同，但并不仅仅局限于农地承包人与集体经济组织之间的财产关系，因此，农地承包经营权的产权性质与债权不尽相同，是一种新型物权。丁关良（1999）也认为，农地承包经营权是一种新型物权，其权利性质属于物权中的他物权，且又具体属于他物权中的用益物权。学界充分肯定了将农地承包经营权划定为物权性质的积极意义，因为正是基于农地承包经营权的物权性质，从而能够对农民的土地权利进行充分保护，增强农民对农地进行长期投资的积极性并且促进土地资源的优化配置（白非，2005）。周诚（2000）认为，债权向物权过渡是世界性的趋势。债权与物权的具体区分并不是关键问题，问题的关键是：农地产权权能的具体划分和设置、产权权能内涵清楚、权能间的界限明确、各项权能不能互相混淆和彼此孤立。周诚重新对“农地权利束”中的权能进行了设置与划分，把农地承包经营权归属于物权性质，对于农地权益的稳定与维护意义巨大。2007 年公布的《物权法》中，把土地承包经营权明确划分为物权类型。

6. 土地权利的立法问题

我国的《民法通则》中规定：法律严格保护农地承包经营权。1998 年对《土地管理法》进行了修订，规定了农地的承包经营期限，农地调整的限制条件等相关问题。马晓河、崔红志等（2002）认为，现行的《土地管理法》主要是一部行政法律，其调整的主要对象是关于土地利用的行政管理行为，不能全面地规范土地财产权利关系。在土地利用实践中，表现为农地权利经常遭受损害和侵犯，由于法律的不健全，其纠纷的解决很难由相关法律程序来实行。2007 年《物权法》的颁布实施为农地承包经营权的保护作出了积极的贡献。

7. 前景性展望

近年来，伴随我国城市化进程的迅猛推进，农地非农化问题受到广泛关注，其主要问题集中在农地征收征用补偿制度改革以及集体建设用地上市交易这两个问题。基于我国实行的最为严格的耕地保护制度和地区经济快速增长的需要，建设用地供需紧张的现状在我国普遍存在。因此，"城乡建设用地指标挂钩"以及"新增耕地置换抵扣指标"等政策开始大力实行，并积极实施农村"三个集中"建设。在"三个集中"过程中，将农地产权与户籍、社保等制度相互结合，将会增大农地产权制度研究的难度与复杂性。

第三节　国内外关于代际关系的研究述评

一、国外关于代际关系的研究述评

我国古代圣贤早就提出"造福后代，福荫子孙"的朴素的代际关怀思想，但是仅局限于个人提出相应的观点，并未形成系统的思想体系。可持续发展理论对于代际关系的定义是：上代人与下代人之间，不同的利益主体之间的关系。索洛（1986）在他撰写的《自然资源在两代人中的分配》一书中有这样的论述：对于下一代人的利益，我们当代人必须公平地尽到应尽的责任，务必给他们留下一定的财富，使他们继承的财富不少于我们当代人所继承的数量。里佩托（1986）关于代际关系提出这样的观点：由于后代人不能够参加当代人的任何政治和经济会议，制定出对后代人具有危害性的福利政策是极为不公平的。佩基（1998）提出了代际公平的概念，他认为代际公平的核心问题是当代人所作的决策影响应怎样在后代人之间公平配置的问题，并且提出有关代际公平的一个基本原则——“代际多数”原则，即当一项决策牵涉到多代人利益分配的时候，其决策的作出应当由这数代人中的多数所决定。但是，数代人到场不具有现实性与操作性。佩基提出一个维持代际公平的思路：资源基础在当代人的手中应该处于完整无损耗的状态，以便于下代人的完全利用。皮尔斯（1993）提出这样的观点：上代人把财富遗产遗留给下代人使用，其数量和质量至少不得少于这一代人所继承的，通过这样的遗产传递方式达到资源利用的代际公平。

二、国内关于代际关系的研究述评

国内关于可持续发展的代际关系的研究以及社会学领域的代际伦理问题的研究主要基于可持续发展理论中的公平性原则下的代际公平要求，侧重研究了代际关系模式以及代际公平的实现。

在牛文元（1997）的可持续发展模型、陈耀邦（1996）的可持续发展的代际公平性原则、王军（1998）的可持续发展原则、周海林（2004）的可持续发展原则及代际关系、《中国 21 世纪议程——中国 21 世纪人口、环境与发展白皮书》（国家科委，1994）等论文专著中都大量论及了代际关系，近几年发表的论文中也有很多关于代际关系的研究。龚胜生（1999）提出了代际关系的三种模式和五种协调原则。方玮（2001）提出了代际关系是可持续发展的重要内容，但笼统地提代际公平是不够准确和不足以解决代际关系问题的，这只是体现了一种利人不利己的未来取向。可持续发展中的代际关系应该包括代际继承和代际创造，这是利己又利人价值取向的体现；关于生态环境的问题，一些非常重要的自然资源对于生命系统的运行具有不可替代的支持功能，对于这类关乎人类生存的重要自然资源，比如空气、水、生态环境质量等，每代人必须以完整的形态传承延续，被当代人破坏了的自然资源必须在当代予以修复，并且要把资源环境的价值完全计入经济评价的核算系统。靳乐山（1997）提出了这样的观点：对于环境污染问题的解决关键是对环境不公平问题的消除，代际不公平的真正产生原因是代内不公平问题。赵景柱（1995）对自然资源与环境、社会折现率、代际公平性三者之间的作用机制进行了研究。李春晖（2000）基于环境代际公平的角度，首次提出环境的代际公平度和环境的冲突度两个重要概念，并建立了关于环境代际公平的数学模型。

关于代际公平的具体实现问题，赵景柱（1995）认为代际公平的根源来自于代际的权利和机会公平，它决定了代际公平的其他方面。姜学民（1995）提出，对于共同赖以生存的地球上的每一代人，对于资源、空间享有均等的权利并且拥有均等的发展机会，进一步提出后代人应该拥有同当代人同等乃至更好的发展机会。刘培哲（1995）提出公平的内容是经济政治权利的平等。周鲲（2000）首次提出了“代际补偿”的概念。“代际补偿”的理由是：当代人对资源利用时进行了消耗，只有通过补偿的方式达到对资源消耗的弥补，并以此实现资源的代际公平。周鲲介绍了两种补偿方式：一是建立代际补偿基金，二是保持不减少的资本存量。何浦明等（2002）采用社会贴现率的方法对资源利用的代际公平性进行了理论上的探讨，同时指出要体现资源利用的代际公平性，当代人必须要保持并增加生态资源的存量。

代际公平的实现标准是代际财富和福利的公平实现。舒基元、姜学民、杨峥等（1997）对实现代际财富和福利的均衡条件和方法进行了研究，他们认为上代人对下代人关心的偏好程度以及拥有自然资源的公平程度是实现代际财富和福利均衡的条件。代际财富均衡实现的方法是：当代人必须要建立财富的主动转移政策，同时采用专项代际财富基金制度。黄乾（2001）指出，代际伦理是代际公平的理论基础，代际伦理保证了代际公平的实现。

代际公平的动力来自于代际的资本公平。杨发明（1996）首先提出了具有补偿意义的代际公平的观点，他认为人类要在发展过程中保持所有资本不减少的状态，其解决途径是对资本的消耗进行充分的补偿，而人工与自然资本之间的可代替性正是这种补偿可能性的来源。舒基元、姜学民（1996）提出这样的观点：可持续发展的概念含有意义明确的代际含义，代际公平的实现要求资本的总存量必须要保持于一定的水平，以此保证后代人能够获得足够的生存能力和发展潜力，但是对于人造资本而言，下代人无法要求与上代人同等公平，这种绝对的公平没有理由苛求。董锁成（1996）认为，当代人通过教育、知识（人力资本）、技能以及有形资本形式表现出来的资源，后代人应该也必须享用。杨成湘（2010）认为，可持续发展的核心是为了实现代际公平，但要使它成为现实却面临很大困难，其主要原因是存在代内公平的缺失，本代利己主义的盛行，代际权利的不平等，代际关怀的递减。实现代际公平的可能性路径在于：实现代内公平，树立体现代际关怀的消费观，确立合适的代际储存，坚持代际创造。

综上所述，代际关系问题已经引起了国内外学者的广泛关注与研究。对不可再生资源已经有了代际财富转移模型、代际资源补偿公平性的研究；在环境方面，从法学角度进行了代际公平环境权利的立法研究，经济上实行循环经济学，社会学方面也研究了代际伦理的问题。这些研究都有力地促进了代际关系研究的深入发展。

但是这些成果都集中对资源和环境的规范性分析，侧重于资源与环境的保护，忽视了关于代际均衡关系的运作模型、合理评价体系以及资源价值核算方法的探索。代际关系的和谐发展是一方面要考虑当代人的发展，另一方面又要不对后代人的发展构成危害，也就是要在不危害后代人发展的前提下，使得当代人的利益达到最大化。所以，对代际关系作进一步深入研究，建立代际均衡关系的运作模型、评价体系以及探索代际关系下的资源价值核算模型，是代际关系研究的必要内容。

第四节　国内外关于农地价格评估的研究述评

一、国外关于农地价格评估的研究述评

西方国家早在 18 世纪时就提出采用传统的收益还原方法测算农用地的价格。进入 20 世纪，伴随着资源环境经济学、生态经济学等学科的不断发展与深入，国外农地价格评估的研究与上述学科之间不断地进行着交流与互动，在这些学科理论与方法的启发与运用中，农地价格评估在农地价值内涵分析、评估理论与方法的学习与借鉴等方面进展迅速，成果斐然。

农用地向人类提供了属性不同的两种产品与服务。一种是农

地产权所有者凭借其产权的排他性，从而获得具有内部收益化的个人产品与服务，比如农产品与畜产品，由于这种价值能够通过市场方式得以显现，因而称其为市场价值。第二种是农地产权所有者不能凭借其产权的排他性而获得内部收益化的一些公共产品和准公共产品，比如农地生产的生态价值就具有公共产品和服务的性质。因为公共产品和服务其特有的非排他性以及不可分割性，这类产品的价值在市场交易中不能够或者不能够全面得以显现，所以称其为非市场价值。根据市场价值和非市场价值的不同特点，国外农地价值评估研究围绕这两方面展开。

(一) 农地市场价值评估方法研究

农地的市场价值是指处于农地产权交易市场之中的买方向卖方支付一定的货币额从而取得一块土地的所有权。农地产权所有者对农地进行占有的目的是获取农地的预期收益，因而买卖双方对于农地未来预期收益的交汇点就是农地市场的产权交易价格。西方国家关于农地预期收益的评估研究主要有以下两种方法：一是基于农地产出分析的估价方法；二是基于农地市场供需分析的评价方法。

1. 基于农地产出分析的评估方法

土壤生产潜力法。此评估方法由德国农业经济学家 Thaer (1764) 首先提出，主要采用农地的农作物产出水平作为价值测算的关键因素。土壤生产潜力不以货币化收益作为其价值含量，而是采用某一类农作物的实际产量作为测算标准。评估方法是：把农地土壤划分成 10 个等级，结合所种植的作物种类，根据各农地等级评定点数，然后根据地块点数测算出相应的农地价格。

收益还原法。此方法是一项经典的评估方法，采用农用地的经济产出作为价值的决定因素，其评估方法具有坚实的理论基础和完善的价格评估思路，因而得到了学术界的广泛认可（美国估价学会，1996）。Burt（1986）、Falk 等人（1991）进一步认为，收益还原法从理论角度评价具有完美性，因为其方法对土地长期均衡价格的关键影响因素进行了充分考虑。Burt（1986）还把收益还原法的评估结果和市场交易实际价格之间的偏差作出了完善的解释。

2. 基于农地市场供需分析的评估方法

一个社会中的法律法规的制定、财政税收政策的实施、土地产权制度的安排、传统习俗的积淀、个人预期的分析等因素必然对处于市场条件中的价格机制造成影响，因此只有对农地市场供需的主要影响因素深入系统地加以分析研究，才有可能测算出准确的农地价值。有鉴于此，基于农地市场供需分析的农地估价方法逐渐成为学者的重点研究方法。

Alston（1986）对土地税和资本收益税两项税收的综合影响进行了分析，因而完整地阐述了耕地价格的变化规律。Featherstone（1987）、Baker（1987）对历年的农地市场交易数据进行了详细地分析，研究了基于不同的经济预期对农地价格造成的影响，进而得出这样的结论：价格泡沫和对价格的过度反应是农地市场价格和均衡价格之间出现偏差的主要原因。此外，还有学者运用长期市场均衡分析技术、贝叶斯决策模型、有价证券模型、心理学等相关理论到农地价格评估的研究中，从而使农地价格评估模型逐渐完善与复杂。

3. 关于农地市场价值估价方法的评析

基于农地产出分析的估价技术是最容易理解、理论最为朴素的农地评估方法，此评估方法适用于农用地受到严格保护以及不受城市扩张压力影响的农用地。时至21世纪的今天，美国、德国等西方发达国家的农用地区域的价格评价主要采用土壤生产潜力法和收益还原法这两种基于农地产出分析的方法。但是此方法设定了较强的前提假设，又对国家政策、土地产权制度、个人预期与偏好等农地价格影响因素进行了忽略，因此采用基于农地产出分析的估价方法测算出的农地价格和实际交易价格存在着较大的偏差。

基于市场供求理论分析的农地估价方法对其价值影响因素进行了全面考虑，并且运用复杂的数学研究工具，结合大量充分的农地交易市场的时空序列数据，从而能够剖析出基于农地产出分析的评估方法所不能观测出的农地价值规律。此项评估技术对农地市场价值的影响因素进行了充分挖掘，并对新的分析工具和技术不断地借鉴与引用，但是存在一个明显的不足，就是完全忽略了农地的非市场价值。

（二）农地非市场价值评估方法研究

非市场产品或者服务可能存在于直接或间接的市场之中，具有不完善性，却并不完全缺少市场（Randall，1989）。农地的非市场价值的估价对象具有公共产品的属性且处于农地市场机制之外。农地的非市场价值有两大类估价方法：一是揭示性偏好评估方法；二是陈述性偏好评估方法。

1. 揭示性偏好价值评估法

成本分析法。此方法的理论基础源于经济学中的替代原理，其常用的具体方法有成本替代法、损害成本规避法。我们以成本替代法为例：如果农地遭受破坏从而不能正常提供其应有的生态服务功能，采用其他替代方式所需要的费用就是相应的农地价值。Groot 等学者（2002）针对纽约市郊农用地的水质净化功能价值进行了深入研究，他们开创性地运用了成本替代法对此项非市场价值进行了评估。其具体方法是：测定一年农地所提供的净化水总量，假设修建同等工作能力的水厂替代农地的此项功能所需花费，即是农地水质净化功能价值。

特征价值法。此方法的理论基础是特征价值理论。特征价值理论认为，消费者对产品特征进行消费，从而产生了具体效用，其个人消费水平的重要指标是消费产品的特征种类和数量（Lancaster，1966）。Rosen（1974）结合特征价值理论与家庭生产函数，从而建立起特征价值数学模型。由此，农地价值评估实践中开始广泛运用特征价值数学模型。

旅行成本法。这种方法主要应用于旅游景点的土地价格评估，比如自然保护区、具有景观功能的湿地等土地类型的价格评估，其方法是测算旅行者到达目的地所需要的各种成本，如车费、门票、时间成本等费用，以此对旅游景点的土地价格进行评估（Garrod，1991； Richard，Carson，Mitchell，1993）。农地价值评估中也有运用旅行成本法案例的，但相对较少。

2. 陈述性偏好价值评估方法

陈述性偏好价值评估方法适用于使用价值和非使用价值的评估，具体包括条件价值法、联合分析法、选择模拟法三种方法，以条件价值法最为常用。条件价值法对非市场产品的交易市场进行模拟，假定对交易市场中出现了特殊资源禀赋的环境变化量，调查出被访问者意愿支付的最大量（WTP）或者愿意支付的最小量（WTA），从而测算出非市场价值（Lancaster，1996）。由于最大支付意愿（WTP ）具有不同的引导技术，可将其问题模式分为连续型和封闭型两种类型，其中连续型问题模式又可分为开放式问题模式、重复投标博弈模式以及支付卡模式三种类型；封闭型问题模式的具体方法又可分为单边界二分法、双边界二分法、三分界二分法和多边界二分法等多种方法（Bishop and Herberlein,1979;Boyle and Bishop,1988;Peter,1994 ;Scarpa and Bateman,2000）。

近年来，西方国家把条件价值法应用于农地非市场价值评估非常广泛，其评估领域涉及耕地的生态环境保护价值、林地的娱乐休闲价值、生态敏感区域的环境价值等。

有关条件价值法在农地非市场价值评估中的应用情况如表 2-1 所示。

表 2-1 CVM 评价法在农地非市场价值评估应用中的部分研究个案

研究人员	价值评估对象	评估地点
Beasley,Workman,Williams	城郊农地景观价值评估	美国阿拉斯加
Bowker,Diychuck	农地保护的非市场价值评估	加拿大城市 New Brunswick
Drake	瑞典农地景观价值评估	瑞典
Halstead	马萨诸塞州农地非市场价值研究	美国马萨诸塞州
Pruckner	奥地利耕地景观价值评估	奥地利

续表

研究人员	价值评估对象	评估地点
Rosenberger,Walsh	草地非市场价值评估	美国科罗拉多州 Yampa 河流域
Hanley, Macmillan, Simpson, etal.	苏格兰生态环境敏感区价值评估	苏格兰
Garrod,Willis	生态环境敏感区价值评估	英格兰

3. 关于农地非市场价值评估方法的评析

成本分析法的前提假设是代替成本或者规避损失成本与农地价值相等，由此前提假设而带来评估方法的一些弊端，具体有以下三点:(1) 对于个人偏好和替代物品所造成的影响没有进行考虑，因而其测算结果相对于农地真实价值可能出现偏高的现象。(2)对于农地利用过程中的不确定性和不可逆转性完全忽略，也即是忽视了农地的存在价值和选择价值，因而其测算结果相对于农地真实价值也可能会出现偏高的现象。(3)农地生态系统其组成要素多样，要素间作用复杂，由于人类的科学发展水平的制约以及认识能力的局限，不可能对农地生态系统的结构、要素、属性以及运作机制完面地认识与把握，所以农地价格成本测算的范围只限于人类目前能够观察、认识和计量的范畴，因而其测算结果相对于农地真实价值可能会出现偏低的现象。

特征价值法的计算方法是采用农地的边际特征变化与房地产价格的关系来测算农地价格，暗含的前提假设是农地的属性特征与房产价格紧密相关。由此前提假设而带来评估方法的一些弊端，其弊端具体有以下两点：(1)模型的具体形式对评估的结果造成主要影响。特征价值法通过多年的发展，已经开发出线性模型，半对数模型，对数模型，Box-Cox 一次转换、二次转换模型等多种形式，评估中如果运用不同的模型，其测算结果间的差异较大。(2)评估模型中很容易出现自相关、多重共线性等不容易解决的问题。

旅行成本法存在的困境有以下两点：(1)对于单景点旅行与多景点旅行无法进行有效地区分。单景点旅行模型中设定的前提假设是旅行目的地没有多个景点，都为单一景点。假如旅行者进行了多景点旅游，那么测算结果就会偏高。同样地在多景点模型中，因为有些旅行者只进行了单景点旅游，所以测算出的结果就会偏低。(2)关于旅游者时间机会成本的确定问题。每个旅游者所拥有时间机会成本不尽相同，但是时间机会成本的确定直接地影响了测算结果，旅行成本法又存在无法准确判断每位旅行者的时间机会成本的弊端，因此需要考虑旅游者时间机会成本的准确测定问题。(3)不容易测定价值影响人群。

条件价值法是对假设的农地市场中消费者行为选择进行估计和测算，从而计算出农地的非市场价值。价格评估中的参数均源于假设的农地市场，并对真实农地交易市场进行有效模拟，因而采用恰当的引导技术得出消费者的最大或最小支付意愿成为运用该方法的核心与关键。实践大量证明，准确地模拟农地市场，对于设计问卷者还是受访者，均有严格的标准与要求，而假想偏差、策略偏差、排序偏差、起始点偏差、工具偏差、信息偏差、内嵌作用等各种偏差非常容易在农地市场的模拟过程中出现。因此，条件价值法的实地调查、问卷设计、数据处理步骤中采用必要的手段和方法规避上述偏差的出现成为条件价值法正确运用的关键。

作者对农地非市场价值评估的两种基本方法——揭示性偏好(RP)和陈述性偏好(SP)价值评估方法之间的优点与缺点进行了比较和总结，可通过表2-2加以了解。

学习借鉴国外研究成果对于完善中国资源价值理论，探索适合国情的农地价值评估技术，提供农地保护政策决策依据等一系

表2-2　RP和SP价值评估方法特点之比较

非市场价值评估方法	具体评估方法	主要优点	主要缺点
RP	成本分析法	以消费者真实的市场行为选择为基础，拥有较高的可信度；可评估直接使用价值和间接使用价值；花费成本较低	忽略非使用价值；未考虑农地利用中的不可逆性与不确定性
	特征价值法		
	旅行成本法		
SP	条件价值法	源于假设市场的消费者选择，方法适用性强，能够测算使用价值和非使用价值	基于假设市场的行为选择，可信度较低；偏差出现的概率较大；花费成本较高
	联合分析法		
	选择模拟法		

列理论和现实问题都具有十分重要的意义。

二、国内关于农地价格评估的研究述评

从20世纪末开始，对于资源的认识发生了从无价到有价的观念转变，这就意味着资源评价进入了资源与资产相结合的新阶段。我国学术界也于20世纪80年代开始对农地资源的价值评估进行了相应的研究。研究成果主要如下：

（一）关于农地价格内涵的研究

我国的农地资源相对于其他国家尤显稀缺，根据农用地的资源性资产的属性，我们应该对其属性价格进行衡量与评估。刘金平（1994）认为，农地的自然价值由固定价值和可变价值两部分组成，农地的自然条件和环境两项因素综合地反映了农地的自然价值，但是目前的农地价格组成中并没有农地的生态环境价格成分，因而不能完全地反映农地的全面价值。庄国泰（1995）在《中国生态环境补偿费的理论与实践》一文中认为，基于传统的发展模式，关于农地价值重要组成因素的生态环境价值、固有利用价值和环境治理的劳动投入没有纳入农地的自然资源价值组成中，由此必然出现“产品高价、原料低价、资源无价”的现象。由于土地利用者忽视生态环境保护，把土地生态环境的破坏所造成的外部性成本转嫁于社会成本，作者提出农地作为一种自然要素，其价值组成必须包含生态环境价值，这也是对生态环境进行补偿的重要依据，因此，环境补偿费是对环境破坏而引起的生态环境损害的一种可行的补偿方式。农用地是一种重要的资源性资产，这种资源性资产由其生产力价值和无形价值两部分组成，由于我国的农地资源极度稀缺，所以农地无形价值的重要性尤显突

出（赵淑琴，2003）。农地的无形价值是指农地特有的社会稳定功能价值，它基于农地的社会保障功能以及粮食安全保障功能（刘慧芳，2000）。基于农地生态环境保护的视角，农地的生态损失费用以及相应的治理费用应该纳入农地的价格范畴(别致、李剑波，2004)。陈荣清（2003）对现行农地价值组成存在的缺陷进行了研究，在综合分析环境破坏的现状、经济发展的方向以及土地可持续利用理论的基础上，论述了农地全面价值的含义，其价值组成应由传统的农地资源价值和资本价值，以及基于传统市场所不能实现的生态环境价值和社会稳定价值组成。

综上所述，学术界对于农地价值的内涵组成，经历了由唯一的经济价值发展到经济、生态和社会价值三者统一的认识过程。在农用地转为建设用地的过程中，必须制定出合理有效的农地补偿标准，而农地补偿标准应由经济、社会和生态价值全面地综合决定。

（二）关于农地价格评估思路及方法的研究

遵循西方经济学中的资源经济价值理论以及土地外部经济性理论，农用地价值由农地的经济、生态和社会价值三部分组成。基于此思路，国内学者主要有以下研究成果：

陈荣清等（2003）认为，以地租地价理论为基础的传统农地价值观，只对农地的使用价值进行评价，因此只反映出农地的经济收益能力，对于农地价值的特殊属性完全忽略，农地价值不能得以全面评价。伍大荣（1996）、孔祥斌（2002）认为，农地价值并不等同于“劳动价值论”中的价值，可根据资源价值理论和土地可持续利用理论，进行合理地引用、借鉴与吸收。单胜道等人（2000）创新性地把外部性理论引用到地价理论研究中。他们认为，农地利用的外部效用显著，对外部经济问题进行有效解决的途径是外部经济内部化，由此建议在农地价值补偿中显现出外部价值。单胜道等（2002）从农地价格评估的特殊性出发，根据不同的农地需要采用不同的农地估价方法，同时借鉴西方国家的环境价格估价思路并吸收引用市场比较法，探索出市场替代法这一全新的农地估价方法。

我国学者认为，农地价值由经济、社会、生态三部分组成，并分别对其进行估价，对于经济价值的测评通常借鉴城市地价评估思路，采用收益还原法、市场法、剩余法、基准地价系数修正法等方法，对于社会稳定价值的评估通常采用耕地开垦费测算。杨召新（2008）通过构建农用地的经济、社会和生态价值体系，对江苏省海安市农用地的价值进行了核算。陈志刚（2008）基于农地的产权价值理论，将农地的生产收益权价值、生存保障权价值、发展权价值、粮食安全权价值和生态安全权价值纳入到被征收农地的价格构成之中，构建了区域征收农地的价格评估体系，并以南京市为例进行了实证测算。

1997 年 Costanza 等人在 Nature 上发表的 *The Value of the World's Ecosystem Services and Natural Capital*，标志着土地生态系统服务价值的评估成为一种可行的具体量化方法，我国学者也在此计算方法之上开展了针对我国土地生态系统服务功能的相关研究。欧阳志云等（1999）对我国陆地生态系统服务功能及其生态经济价值进行了研究，在他们撰写的论文中探讨了我国土地生态系统服务功能的概念及其价值评估的理论与方法，这标志着我国学者结合我国国情对土地生态价值评估进行了开创性地研究。随后，我国学者纷纷针对全国不同区域，不同生态系统类型的土地生态服务价值进行了专门的研究（成克武等，2000；肖寒等，2000；张三焕等，2000；谢高地等，2003；田刚等，2004；李加林等，2004；庄大昌，2004；王宗明等，2004；刘敏超等，2005；陈晓林等，2008）。这些研究针对我国不同土地类型的生态服务功能建立了具体的核算体系。从研究成果来看，着重于对高原、湿地、草原、森林、河流流域以及个别省、地区和城市的研究，但对人口环境容量超载、生态环境比较脆弱的丘陵农区的土地生态服务功能的研究甚少。

除了根据 Costanza 提出的基于生态系统服务功能的农地生态价值计算方法，我国学者也针对农地生态价值评估的其他方法进行了相关研究。单胜道（2002）撰写了《环境资源评价方法在农地价格评估中的应用》一文，文章中对收益损失法、效果评价法、旅行费用法、随机评估法等国外用于评估资源价值的方法进行了详细地分析与研究，并把这些国外评估方法应用于我国农地生态价格的评价，并举例加以说明，文中对随机评估法进行了重点说明与介绍。吴次芳（2002）分析了各种类型的自然生态环境和经济社会因素的空间结构差异以及在一定区域内的综合特性对农地收益水平和质量的影响与作用，由此引入“影子地块”的评估方法，探索出一种新的农地生态环境价值测算思路。

目前关于农用地征收征用工作中其生态价格的评估，国内都没有形成统一的测算方法，在涉及农地生态价值评估的研究与工作中，通常采用成本替代法进行相关测算，其具体方法是：假如农地遭受破坏而不能正常提供生态服务功能，若通过其他方式进行替代，其替代方式所需成本就等同于农地的生态服务价值。黄克龙（2005）撰写了《论农地征用价值的评估》的论文，文中把1平方米耕地所产生的生态服务价值用0.33平方米绿地所提供的生态服务功能价值进行了代替。

第五节 现有研究的不足

带着学习与创新的态度对现有文献进行梳理与归纳，旨在合理地汲取他人研究中的优点与精髓，同时发现研究中存在的一些欠缺与不足，对这些欠缺和不足进行总结与归纳，并加以完善与发展，可引发出本研究的起点与重点。现将现有研究的不足总结如下：

一、欠缺土地可持续利用理论中基本原则的具体运用

目前，关于农地产权制度和土地可持续利用二者关系的研究，只是用可持续利用理论原则来笼统地指导农地产权制度，研究形成的措施强调运用行政、法律和规划的手段，以此来笼统解决农地产权制度中的土地不可持续利用问题，欠缺了可持续理论中最为核心的关键因素：公平与效益原则，作为农地产权制度的理论内核和分析工具。同时，在农地产权价格评估研究工作中，也同样也欠缺可持续理论中最为核心的关键因素：公平与效益原则，作为产权价格评估工作的指导思想。

因此，笔者认为，基于土地可持续利用理论的农地产权制度目标应该充分体现效益与公平兼顾的原则，土地产权制度要处理好效益与公平的关系，其中效益应该包含经济效益、社会效益和生态效益，公平应该包含代内公平与代际公平，应紧密围绕效益与公平原则去展开现行农地产权制度的研究。同样，农地产权价格核算工作中也应该充分考虑农地的经济效益、生态效益、社会

效益以及代际公平因素，以此体现农地全面的产权价格。

二、实证分析不足

目前，土地可持续利用视角下的农地产权价格研究规范分析居多，利用规范分析的方法来归纳总结全面的农地产权价格，而以实地调查数据并运用土地可持续利用理论来具体核算农地产权价格的实证研究较少。

同时，在涉及代际关系的研究中，规范分析居多，不能很直观清晰地测度代际配置效率损失问题，且针对此问题的实证分析手段单一，拟合精度不高。

第三章　土地可持续利用视角下的农地产权制度创新的理论分析

本章着重对基于土地可持续利用视角的农地产权制度创新问题进行阐述与分析。首先分别对土地可持续利用、农地产权制度创新进行概念界定，其次对土地可持续利用与农地产权制度之间的关系进行理论分析，并围绕现行农地产权制度对土地可持续利用所造成的制约展开了现实分析，在上述分析基础上将土地可持续利用理论运用于农地产权制度创新研究，最后提出以土地可持续利用理论为核心的农地产权制度创新的关键要素。

第一节　关键概念界定

一、土地可持续利用

挪威首相布伦特兰夫人主持的世界环境与发展委员会，在研究全球重大经济、社会、资源和环境问题的基础上，于 1987 年提出《我们共同的未来》的专题报告，生成了“可持续发展”的概念。其核心思想是：经济发展不能超越生态环境容量，应建立在社会公正和社会大众参与的基础上，既满足人类各种需求，又要保护生态环境，科学利用资源，不威胁后代人的生存和发展。

关于土地可持续利用的概念，则是由美国农业部、印度农研会和rodale研究所于1990年在印度新德里召开的《国际土地持续利用研讨会》提出。由于学者们的研究视角以及对土地可持续利用功能的侧重点不同，土地可持续利用的定义也存在差异，迄今尚无统一的表述。

FAO（1993）在《持续土地管理评价大纲》中，权威性地诠释了土地可持续管理的概念，其内涵是将技术、政策、行为三要素融为一体，作为持续土地管理的基本准则，构建土地利用（管理）的基础框架，以实现、保持或提高"五性"——生产性、安全性、保护性、可行性和可接受性作为目标，对可持续性作了限定。

尔后，不少学者，比如美国学者Yong（1989）、Hart和Sands（1991）及唐华俊等（2000），分别从土地科学和系统科学角度对土地可持续利用作出了定义并加以表述。

土地可持续利用涉及经济、社会、生态环境、科学技术、伦理道德等诸多领域，笔者认为土地可持续利用应该体现以下基本原则：

1. 系统性原则。把短期利益与长远利益、局部利益与整体利益相统一；人与自然和谐；在经济、社会和环境协调发展的同时，实现土地资源的永续利用。系统性原则是实现土地可持续利用的目的。

2. 公平性原则。土地是人类赖以生存的载体，是属于全人类共有的资源。它不仅供现代人享用，也要为未来人提供美好的生存空间。也就是说，在时间上应该是理性分配，当代人与后代人之间都公平拥有利用土地资源的权利；伦理上代际公平，建立责任链的传递和社会契约；在空间上互利互补，不能以邻为壑，只顾一部分人或地区的利益而超越土地资源承载能力，损害土地资源的可持续利用。这是可持续利用与传统利用模式的根本区别。公平性原则是实现土地可持续利用的核心。

3. 共同性原则。代内和代际总体目标是共同的，世界各国为了当代人和后代人的利益必须保护性地利用自然资源，促进人类与自然之间的和谐。不管是当代人，还是后代人都有义务和责任去捍卫这一原则。共同性原则是实现土地可持续利用的保证。

4. 持续性原则。从生态学意义上来看，可持续发展要求人类要树立尊重自然的行为准则，不能相悖自然规律，在深入进行社会经济活动时，不能超越土地资源承载能力的阈限，应以不损害地球生命的自然系统为前提，其发展速率也应充分顾及资源的再生性和未来人的发展需求，永续保持土地资源的生产力和生态的稳定性。持续性原则是实现土地可持续利用的措施。

为满足人口不断增长的粮食安全和国民经济全面发展对土地的需求，必须认真贯彻科学发展观，树立可持续发展理念，遵从环境道德，确保代际公平，发展低碳经济，科学配置土地资源，切实保护好每寸土地，以期达到土地永续利用之目的。因此，我国土地可持续利用的概念可定义为：在维护土地生态系统性稳定性和土地资源可持续性的前提下，确保社会、经济、生态环境相协调，人口、资源、环境相和谐，使十分宝贵的土地资源既满足人类代内和代际食物安全供给，又满足代内和代际国民经济和社会发展对土地需求的全过程。

二、农地产权制度

产权制度就是经过制度安排后的产权关系与产权结构，它对产权安排、产权界定、产权运行、产权保护等内容进行了明晰和规定。甚至有如此说法：产权安排等同于产权制度。产权制度有正式与非正式之分。正式的产权制度通过法权的形式存在，基于法律的明确界定、支撑与保护。非正式产权制度基于社会的道德习俗、文化传承以及传统习惯，没有具体的法权加以明确。

农地产权制度就是关于农地资源的所有权力关系与结构的综合。其制度可以对各个权益主体明确加以界定，也即是规定了国家、法人、自然人、非法人组织等权益主体在农地利用中所处的地位，同时也系统规范了农地利用中的社会经济关系，相应而产生的农地产权分割状态由此形成了各权益主体与农地利用和运行相联系的行为准则。农地利用主体与他方进行经济联系和互动的过程中对这些行为准则必须遵守，一旦违背这些准则，必将付出破坏准则的代价，即承担经济责任。

我国的农地产权制度具体由所有权、使用权、收益权、承包权、处置权等各项细分权利共同构成，可以看作是各项农地细分权利所形成的权利束或者是权利组合。通过不同的农地权利组合可以构成不同的产权结构。产权结构不同，农地利益主体的结构也不同，因此必然导致产权效率的差异。

农地产权制度需要解决的核心问题就是不同的农地权利在不同的经济主体间的配置问题。农地产权制度主要有下列内容：

1. 农地产权制度源于土地资源稀缺性所带来的农地资源合

理利用的要求

农地产权制度围绕农地资源的权利要求而产生，其制度伴随社会的发展与进步日趋完善。当农地资源数量充足，可以自由使用不受限制时，对于农地的权利关系也就无需加以规范与限定；当伴随着社会的发展与进步，农地资源数量趋于紧张与稀缺时，基于农地利用的相关权利要求就此产生。从个体角度思考，由于社会成员竞争性地利用稀缺的农地资源，从而形成了相应的规范以及权利要求的制度；基于经济社会的整体视角，农地产权制度折射出人类社会对于稀缺的农地资源合理利用的理性与智慧。

2. 农地产权制度的首要任务是农地权利的设置

农用地作为一个物质实体，承载了多种可以支配的权利。这些权利并不由土地自身产生。人们在农地利用开发、保护整治的过程中，必然会带来与农地相关的经济社会的复杂关系，并且采用法律的形式对这种关系加以明确与规定。农地需要安排什么样的权利设置，其决定因素在于所处地域农地的经济社会关系的复杂状态与程度。由于社会制度、经济发展状况、农地资源的自然禀赋差异，不同的国家与地区的农地权利设置不尽相同，具体有权利的名称、内容、含义与数量等设置上的差异。现代产权经济学把土地产权视为一个权利束，具体由所有权、使用权、收益权和处分权等各项权能共同组成，其中的每一项权能应该是一项独立的物权，拥有占有、买卖、租赁、抵押等权利，每一项权能也可拥有自身的价格。

3. 农地产权制度的关键任务是农地权利的分配

农地的权利主体是人，但是作为权利主体的人并不是指独立的个人，农地产权制度决不会产生于鲁宾逊的个人世界之中，因为只有处于由人组成的社会群体之中，才会产生关于土地的种种权利关系与要求。由此说明，农地权利的分配问题与农地产权制度的产生同时并存。由于农地产权具有多样性，所以决定了农地权利具有分割性与分配性。所有的农地产权制度都要对基于农地的各项权利进行必要的划分。现代社会中的任何一个经济主体不能够同时占有农地资源所有的权利，只能在多个主体之间将日趋复杂的权利束进行合理地配置，以此达到资源利用的合理、有效、充分与节约的目标。

4. 农地产权制度的关键任务是对不同权利主体之间的利益进行划分

透过权利的分割与要求，所看到的是不同利益动机以及对利益的追寻。由于权利与利益关系紧密相连，可以对产权这样理解："让利益主体受益或者受损的权利"；产权制度则可这样理解："对行为主体怎样受益以及怎样受损的界定，由此产生对补偿人和被补偿人不断地进行修正的规则"。（德姆塞茨，1994）农地产权制度的核心是农地权利的分配问题，对不同权利主体之间的利益界区进行划分就是农地权利分配的首要任务。对利益界区进行划分，既要求不同权利主体之间拥有明晰的权利界限，也要求基于不同权利产生不同的收益，由此规避不同主体之间权利和利益的相互重叠交叉和模糊不清。

第二节　土地可持续利用与农地产权制度

一、产权制度与土地可持续利用的共同形成基础

从亚当·斯密的古典产权理论到诺斯的现代产权理论，都是

以稀缺性为前提进行的相关研究。所以西方学者普遍认为，产权制度的产生与发展都是基于资源的稀缺性，稀缺性是所有产权经济研究的起跑线、终点线和支撑点。由此有如下的论述："资源的稀缺性产生出产权制度"；"资源由丰富变为稀缺是产权制度出现的条件"，"当资源由丰富变为稀缺时，才有法庭决定其使用权的必要"（曲福田、陈海秋，2000）。西方经济学的相关知识告诉我们，假如资源极度充足，如同空气那样呈现自由取用的状态，产权是不可能自然诞生的，也就没有产权设立的压力和必要。基于资源稀缺性的认识，才有产权设立的必要、动力与需求。人类对于稀缺资源从来都不会置之不理，对于稀缺资源的占有和争夺是人类的本能，因此冲突不断发生。如果不对冲突进行必要的限制和约束，资源也将处于无序利用与浪费破坏的状态，因此诞生了产权制度。产权经济学家诺斯曾经说过："明晰的产权是所有经济发展的基础。"在诺斯看来，产权的明晰具有排他性的功能，此功能能够造就生产力的增长和经济的发展。诺斯的这一理论建立于资源稀缺性的前提之上。经济学家德姆塞茨对北美洲印第安人的土地产权发展进程进行了详细的研究，他对诺斯的产权观点进行了阐述："伴随古代印第安人对土地的深入利用，产权的观念逐渐产生，并对土地进行了分配，各块土地拥有了不同的产权归属。这一进程与欧洲皮毛商人对印第安人的皮毛收购息息相关。因为在欧洲人未进行皮毛收购以前，印第安人可自由在森林里获取野兽肉类与皮毛，土地的产权观念并未形成；而欧洲人进行皮毛收购以后，印第安人加大了狩猎的强度与范围，野兽资源逐渐稀缺，产权的概念由此产生，规定每个家庭只能在规定的区域进行捕捉活动，由此，关于土地的产权划分得以产生。"综上所述，由于土地资源利用的稀缺特性，土地产权和产权制度才由此出现。同样，农地产权的产生也建立于农地资源稀缺性的基础之上，同时产生了农地资源权属划分、确定与使用的现实制度需求，也即农地产权制度。

同理，可持续利用理论的建立与发展也基于资源稀缺性的前提。当资源被视为自由取用之物时，人类对各种自然资源的利用是掠夺式开发。罗马俱乐部（1972）撰写了报告——《增长的极限》，分析了无限制地经济增长和资源存量的矛盾，并发出了危机警告，于此，土地可持续利用理论应运而生。伴随人口增长与土地资源锐减的矛盾日渐突出，土地资源需要承载人口经济逐步增长的重压，由此形成土地资源稀缺更为紧张的局面。正是在资源稀缺的基础之上，才有土地资源的持续利用问题的产生与发展。假如资源极度充足，取之不尽用之不竭，资源利用的可持续性与公平性问题就没有存在的必要，所以，产权制度与土地可持续利用的产生与发展均源于资源的稀缺性。

二、从“科斯定理”到“可持续利用”

产权最为重要的功能是基于产权制度的指导，让产权交易的外部性最大可能地内部化。产权的明晰是实现资源配置有效性的前提与基础，资源配置的效率与产权的明晰程度呈正相关。而科斯定理的实质就是阐明了资源的有效配置取决于产权的明晰度。科斯（1960）通过研究得出如下结论：“产权的归属并不影响资源的配置效率，只要清晰地界定出产权关系，并且权利是处于自由交换的状态，那么产权交易的私人成本必定等同于社会成本，也就实现了外部效应的内在化。产权的归属只会影响财富的分配，只要达到交易费用为零的条件，都可以采用交易活动的形式以及权利交易者的合约效用而实现资源配置的最优。”由科斯定理得出的引申结论是，如果出现交易费用大于零的情况，可以通过明确界定权利的方式以及经济组织的选择来达到资源配置效率提高的目标，以此实现外部效应的内在化，从而无需导入政府干预机制或者抛弃市场机制。究其原因，处于明晰产权关系的交易双方会致力于交易费用的降低，从而让资源利用达到成本最小、产出最大的状态，实现资源配置最优的目标。

因此，我们得出这样的结论：高效的产权制度必定基于明晰的产权关系。也即，只有对产权关系明确界定，才能够降低产权的转让与保护成本，达到资源高效配置的目标。

从产权角度说，造成资源被过度利用的基本原因是由于没有产权界定的一种非排他性的约束方式的资源使用，而产权界定是产权制度建设中的一项重要内容，它使产权制度明晰，是外部效应内部化的重要信息支持力量，从而达到资源的社会最优配置，这与可持续发展的目标相一致。通过科斯定理，实际上我们找到了实现可持续发展的努力方向：产权界定使资源使用呈现一种排他性的约束，从而引导资源的可持续利用。如果在一个系统内部，产权纷乱，又缺乏有效的制度管理，则它一定是一个非可持续发展的系统。

通过上面的论述，我们可以得到一个基于产权理论的可持续发展实现方式：一个系统如果产权规定明确，而各利益相关者之间的交易成本足够低，最终会达到该资源的社会最优配置，即此实现系统的可持续发展。以上论述为我们搭建起从产权理论到可持续发展理论之间的桥梁。

三、土地可持续利用之于农地产权制度的作用与影响

（一）土地可持续利用对农地产权制度的引导作用

围绕农地产权进行的相关制度建设需要经历较长时间的发展。在此发展历程之中，伴随我国相关政策以及经济形势的变化与调整，对农地产权制度造成影响与作用的各项条件和要求必定不断随之变化与完善。强调以土地可持续利用理论为指导的农地产权制度安排，对农地产权制度的结构和功能完善起着十分重要的作用，为农地产权制度的发展和完善提供主要的理论支撑，能够让农地产权制度安排发挥出最富效率的土地可持续利用效用。

土地可持续利用理论对农地产权制度的引导作用涉及很多方面，概括起来有如下三点：

1. 对产权主体的激励作用

可持续利用理论对于产权制度的激励作用可通过可持续利用的原则和产权的制度功能得以体现。产权的制度功能主要体现为对产权主体的激励、约束效用以及对资源的优化配置等方面。产权的有效性取决于资源优化配置的优劣程度这一前提。总体而言，提高土地资源配置效率与土地产权明晰化之间呈正相关关系。而资源的优化配置正是可持续发展的首要原则——发展性原则，即人类的经济和社会以协调资源和环境的承载能力为基础的发展原则，而以土地可持续利用理论为指导的农地产权制度安排意味着产权设置将接近于最优的配置状态，这也与产权制度设计的利益关系相吻合。基于持续性利益动力下的产权所有者必定竭尽全力地把产权的激励功能发挥到极致，以此实现产权主体的物质利益，同时规避资源的浪费，虽然行为个体并不一定能够最好

地、高质量地利用资源。

2. 对产权主体的约束作用

在可持续利用理论的指导下，产权关系可以发展成为责任关系，从而产权主体会对自身行为加以约束，增强产权保护的意识与责任心。可以这样说，一旦对基于可持续利用理论的产权加以界定，就必然出现产权的保护人，产权的保护人也即是产权主体必定对产权加以保护，使产权合理运行，免遭破坏，从而实现可持续利用理论对产权的约束功能。

3. 促进产权的流动性

土地可持续利用理论中的发展性原则的动力还会增加产权的流动性，我们可举例说明：一块土地的产权掌握在一个不善利用的人手中并自行耕种，只能获得800元收益，如果他将土地转让于一善用之人进行耕种，可以产生1000元收益，那么这块土地的产权人必定愿意转让；若受让人善用土地，让土地去除成本后得到超过1000 元的收益，他必定愿意受让。由此可见，资源通过市场配置可以被最擅长利用者加以利用。综上所述，基于发挥利用保护资源的主动性、积极性的角度，从提高资源利用效率，促进资源优化配置的目的出发，可持续利用理论对产权制度安排有着不可替代的促进作用。

(二) 土地可持续利用与农地产权制度的关联效应

要实现土地可持续利用的目标，必须对地球大系统中的人口、资源和环境因素与经济增长之间的关系正确认识并加以协调。上述因素间的协调状态不能够自动形成，只有人类正确地认识可持续利用思想，综合运用富有效率的、具有科学性的制度安排，合理地控制调节土地利用系统，才能使人口、资源、环境和经济等要素协调可持续地发展（但承龙，2004）。通过农地产权的有效制度安排，可以协调、规范、落实人类利用农地的行为，由此实现农地资源的合理开发利用与保护，达到农地资源可持续利用的目标。因此，农地产权制度安排是农地利用中从现状到目标的实现工具和手段，是农地利用系统主动自觉地选择可持续发展方向的重要载体。

反之同理，农地产权制度安排的决策过程又一定按照土地可持续利用的理论与原则开展，通过动态监测农地利用现状的方式，并且按照土地可持续利用的相关原理与原则对农地产权制度现状作出判断，从而找出产权制度中的不足和缺陷，以此保证产权制度的可持续性和合理性。所以，农地产权制度与土地可持续利用之间呈现出协调落实、调整规范的逻辑关系，表现为目标与手段的关系。

（三）土地可持续利用对农地产权制度的协同作用

农地产权制度系统和各子系统沿着由无序到有序的形成路径，相互之间必然会产生协同与合作机制，由此生成更加有序的系统结构，最终形成系统的新结构和新功能。由于农地产权系统涉及的权利变量较多、系统比较复杂，我们必须找到从土地不可持续利用的无序状态到可持续利用的有序状态过程中的主要因素和统筹控制变量，通过农地产权制度合理安排的方法把系统中的权利、义务等相关内容设置为关键的控制变量，对农地产权权利功能与结构加以调整，让系统处于更加协调有序的状态，产生出功能强大的结构效应，从而达到增强农地产权制度系统的功能、提高系统效率的目标。

（四）土可持续利用对农地产权制度系统的监测与反馈作用

通过信息的输入和输出过程，形成信息的相互循环互为因果的状态即为信息反馈，调节控制农地产权制度系统必然要基于土地可持续利用状况信息的流动与传递，特别在施控与受控两个最主要的系统之间，其联系的桥梁就是土地可持续利用的信息流。因此，农地产权制度控制功能的实现主要依靠土地可持续利用信息的反馈。

（五）以可持续利用理论为指导的农地产权制度是创新时代的需求

可持持续发展理论伴随着时代的进步与发展，对社会经济的影响逐渐深入，传统的以经济效益为指导的农地产权制度向可持续利用思想为指导的农地产权制度转变成为十分紧迫的任务。传统的农地产权制度其制度安排基于传统的经济增长理论，以获取经济效益为目的，把农地产权的具体制度设计作为经济增长的保证工具与实施措施。以可持续理论为指导的农地产权制度较之传统的农地产权制度的最大的不同点在于运用土地可持续利用原则，并以此作为保护生态环境、协调社会关系的基本手段，并且高度重视公平原则的贯彻落实，以公平原则与效益原则相结合替代传统的农地产权制度的效益优先原则。

第三节　现行农地产权制度对土地可持续利用的制约

我国现行的农地产权制度是中国经济体制改革和社会结构转型过程中的一种伴生性制度，是社会主义初级阶段并具中国特色的产物。在改革传统的农地产权制度的基础上产生，它克服了传统农地产权制度诸多缺点和不足，在一定程度上起到了农地产权制度促进生产力发展的积极作用。但是随着社会经济的发展，现行农地产权制度的弊端也不断凸现，越来越多地制约着土地产权功能的正常发挥，严重地阻碍了土地的可持续利用。现行农地产权权制度对土地可持续利用的制约主要表现如下：

一、农地产权主体模糊

农地产权主体模糊是指农村集体土地的产权主体不明晰。新《土地管理法》确定了乡、村、社三级自治组织与农村集体经济组织为农地产权主体，但具有不确定性。何者是农村集体经济组织和社区自治组织在法律上也没有作出明确的规定，由此导致土地所有权的主体不明晰。由于历史因素的延续和地域分异的交互作用，也致使现行法律之间的规定不统一，多样性与重叠性共存，必然形成农地产权主体的模糊性和不确定性（李明秋、陆红生，2001）。

二、农地产权稳定性差

现行农地产权制度下的农户承包集体土地的关系不稳定，主要有以下两方面的因素：

（一）来自外部的原因——国家征占农地导致农地产权不稳定

很多国家的政府对农地征收征用都十分慎重，视为“最高农地权”的行使。基于国情和历史的原因，我国为二元农地所有制结构。《宪法》规定：“国家为了公共利益的需要，可以依照法律规定对农地实行征用。”但什么是“公共利益”,《宪法》和其他相关法律法规却未作明确界定。新《土地管理法》对“公共利益”也未作明确的诠释，规定“任何单位和个人进行建设，必须依法审批，方能使用农地”。由此，客观上为征地权的适用范围扩大化搭建了温床，一些单位和利益集团滥用公共权力为非公共利益性质的经营活动服务，从中牟利，酿成征地规模过大的恶果，侵害了农民的合法权益。

农户丧失承包农地后，其承包关系也相应终止。伴随国家经济体制改革和社会结构转型日益深入，统筹城乡，城市化进程加快，农地大量征占的趋势必将持续，农民对农地长期使用权的渴求更加强烈，这也是土地可持续利用目标实现的关键影响因素。

再者，20 世纪 90 年代初期，国家进行了土地使用制度改革，由无偿、无限期、无流动的使用制度改革为有偿、有限期、有流动的使用制度。土地一级市场由国家高度垄断，一切建设用地均由政府向农村集体经济组织征收征用农地，使土地所有权由农村集体所有转变为国家所有，尔后再由政府进行土地出让，却没有改变农地强制征收征用的办法。由于制度性的缺陷，产生了征地与供地之间巨大的利益空间，促成地方政府走入“农地征占越多，政府利益越大，政绩越好”的误区。农用土地资产，其价值不能按历史成本或用途现状的产出计算，而应取决未来收入的折现。在土地权属转换过程中，按照被征用农地原来的用途和经济产出计算征地补偿费用存在着不合理性，不利于农地资源的优化配置。宏观上，地价的市场化如同其他产品和要素价格的市场化一样，在美国、日本、法国、荷兰等市场经济国家，征用农地的补偿标准既考虑农地现期的市场价值，也考虑农地的预期收益，按照公平的市场价值对农地所有人给予补偿。而我国征收征用农地的补偿标准确实存在一些问题，由于农地征用制度具有强制性，且政府集农用土地征收者、国有土地出让者和征地纠纷仲裁者于一身，集体经济组织与农民则处于征地谈判协商的非对等地位，最终产生了国有土地出让的高收益和征收农地低经济低补偿的剪刀差。一些政府出于财政动因，将出让国有土地的收益作为财源而形成“土地财政”；有的基于政绩驱使，大搞招商引资，实施以土地换项目，“开发园区”遍地开花，城市规模恶性膨胀，大量吞噬农地，形成“圈地运动”，《土地利用总体规划》流于形式，《修编》周期缩短，以致中央出台一系列保护耕地的法律法规和政策，多次开展土地执法，对征而未用的或“圈而未用”时间达两年以上的土地国家收回土地使用权等组合措施，均未能遏制乱占滥用土地的势头，直接影响土地的可持续利用。

（二）来自内部的原因——农地集体支配，影响农地产权的稳定

农村家庭联产承包责任制，是一种由集体经济组织作为发包方，农民作为承包方，集体经济组织以合同形式管理，农民以承包方式获得土地经营权的产权制度安排形式。农地承包关系经受着执政者法律意识、政策水平和社会道德的严格考验。

农村集体对农民实施的农地承包关系缺乏长期化稳定的制度安排。承包经营权期限设定为30年，在物权意义上这一期限属于较短的时限，但很多地方未落实“延长农地承包期30年”的政策，有的采取强制手段变更承包关系，农地发包及调整违背法律、法规和政策，程序不公开，暗箱操作，非法剥夺外出务工农民承包农地的经营权，以土地经营权冲抵摊派款项。《农村农地承包法》规定：“按照规定统一组织承包时，本集体经济组织成员依法平等地行使承包农地的权利。”但在农地分配或调整过程中农

村集体预留机动地，由村、组支配和经营，用“两田制”“返租倒包”等分配办法和经营形式，收取土地经营所得，充作集体收入；有的集中将相当数量的农地，采取招投标方式发包土地经营权，剥夺本集体组织成员经营农地的权利，由此获取更大的收益；有的借实施产业结构调整、农业规模经营、农业开发项目之名，以强制手段将农地进行非法流转等。农地的违法、违规支配，导致政策失灵和法律失效，是长期影响农地可持续利用的主要因素。

三、农地产权制度缺乏有效的法律保障

农地产权制度建设中的重点是解决法律保障的完整性问题。主要根源是把强化政府对农地的管理和控制确立为立法思想，而对保护农民合法的农地财产权利则相应显得薄弱，法律体系也不够完善。《农地法》《农业法》《森林法》《渔业法》《水土保持法》等法律虽然都有农地产权的相关条款，但法律内容缺乏一致性，理解差异较大，司法实践存在弹性，存在执法难的问题。对于那些拥有农地各种处置权力的领导者非常有利，而分散的农民在利益竞争中则处于弱势地位，无力维护自身农地财产权利的合法权益。

综上所述，由于农地产权制度存在的一些缺陷，以及来至外部和集体经济组织内部影响农地产权不稳定的众多因素，导致农用土地大量流失，由此，数百万公顷农用土地被征用征收，铸成了近5000万失地农民大军，加之全国200多万公顷耕地沙化，300多万公顷荒漠化，400多万公顷耕地遭受“三废”污染，4000多万公顷土地水土流失，凡此种种，如不采取严厉的法律、

政策和道德的综合措施加以整治，我国十分宝贵和稀缺的土地资源将难以可持续利用，赖以生存的土地载体必将成为创建和谐社会的首要问题。

第四节 农地产权制度创新的关键要素

要解决上述农地产权制度中存在的不可持续利用问题，就必须对现行农地产权制度进行改革和完善。因此，强调以土地可持续利用理论为指导的农地产权制度创新，能为农地产权制度的完善与发展提供主要支持，是探索解决现行农地产权制度缺陷的现实途径。由此，基于土地可持续利用理论的农地产权制度创新应运而生，下面将围绕土地可持续利用理论展开农地产权制度创新的相关内容阐述。

一、农地产权制度创新的指导思想

基于土地可持续利用理论的农地产权制度创新的指导思想，应本着经济增长、资源开发、环境保护和社会发展的统一协调发展的原则，达到土地可持续利用的目的，以此实现社会的全面发展与进步。产权制度创新的基础源于经济、生态和社会的大系统，遵循经济、生态发展规律，在农地产权制度创新时，考虑土地资源合理利用、经济适度增长、社会环境和谐发展的同时，还应确保土地生态环境的健康运行与良性循环。

（一）农地产权制度创新的经济导向性

农地产权制度的建立必须体现经济的可行性，其产权制度的创新同样应以经济作为导向。在这样的创新制度下，以有限的农地资源取得更大的经济收益。基于国家或区域的角度，农地产权制度创新应该在土地环境具有可持续性、社会接受和公平的基础上获取最大的经济收益，能够确保农地使用者在创新的农地产权制度下通过较小的要素投入，获取较大的收益。

社会的发展与进步是人类所追求的终极理想与目标。土地的可持续利用并非一味地强调社会与生态发展而忽视经济的增长，追求经济的持续增长也是土地可持续利用理论指导下的农地产权制度创新的目标之一。只有经济的持续增长，生产力水平的不断提升，农用地才能产出品质更好数量更多的农产品，以此保证人类生产与生活水平的提高；只有以经济的持续增长为基础，才能有雄厚的资金与实力投入生态环境的保护和改善以及社会发展环境的建设与提高，以此实现环境与社会的协调统一。在农地产权制度创新系统中，经济发展是关键任务，所有要素都依托于经济的发展，围绕经济服务。通过最小的投入与成本，收获最大的产出与收益是农地产权制度系统追寻的终极价值。

（二）农地产权制度创新的生态环境导向性

农地产权制度的创新必须体现生态环境的可持续性，因为生态环境的保护与发展是农地产权制度持续性与有效性的基础。土地可持续利用理论下的农地产权制度创新就是要把农地产权系统视为一个生态系统，基于这样的视角，研究创新的农地产权制度系统下的农地利用生态系统的容纳能力与承载能力，以此在农地产权制度创新中对生态环境因素加以关注，平衡农地利用系统的生态因素。要体现农地产权制度创新的生态环境导向性，对农地产权制度设计时可科学地利用生态学的理论与方法，对将要创新的农地产权制度进行生态评价。在制度创新设计过程中，研究与预测产权制度执行后将要产生的不利的环境局面与后果，让将要产生的环境问题在源头上得以解决，从而找到土地产权制度创新的经济、社会、生态的最佳结合点，确保土地的可持续利用，促进社会、经济、生态的协调发展。

（三）农地产权制度创新的社会导向性

基于土地可持续利用的农地产权制度创新除了合理的经济增长和有效的环境保护的目标，还要充分考虑农民群体公平地享受社会资源，满足农民群体日益增长的社会需求的因素，以此保证全体社会成员对社会进步的共同追求。首先，土地可持续利用理论下的产权制度创新应该是一个包括农民群众的公众积极参与的土地制度创新，人民群众的踊跃参与应成为农地产权制度创新的重要方法和原则。其次，产权制度创新的内容和结果也应体现农民群众的利益，这是由农地产权的所有权归属所决定的。最后，农地产权制度的管理与实施依赖于人民群众的有效监督。因此，土地可持续利用理论下的农地产权制度创新，从创新的目标任务，创新方案的制订以及创新制度的管理与实施上，人民群众都扮演着十分重要的角色，起着不可替代的作用。也即，从农地产权制度的制订到实施的全部过程，人民群众都应该广泛介入与参与。在农地产权制度创新过程中，可以对创新的方式进行大胆的改革，例如通过公众听证会、公告等各种形式，让广大群众有准确及时获得创新相关信息的途径与渠道，还要向人民群众提供参与制度创新决策的权力与机会；同时，应该构建广泛吸收人民群众意见与切实保护人民群众利益的机制，通过法律的手段确保产权制度的设计与执行处于人民群众的监督范围。

二、农地产权制度创新的基本原则

基于土地可持续利用理论的农地产权制度创新的任务，在于支持社会、经济与环境的可持续发展，并使土地能够持续地利用。与目前的农地产权制度安排相比较，基于土地可持续利用理论的农地产权制度创新要着重强调的也必须遵守的原则主要有以下几个方面：

（一）可持续性原则

对农地进行开发与利用是人类发展的前提与基础，如果对其的利用一旦停止，人类的生产与生活将难以维持，土地的可持续利用也就成了无水之源。同时，人类的生存与发展，必须依赖于经济制度的创新，但是经济制度的创新不应以农地的牺牲为代价，而应该是以生态环境的保护为基础的可持续性创新，通过经济制度的创新达到生态发展的目的，并且把贫困问题的消除作为创新的终极目标。因此，在农地产权制度创新时以土地可持续利用理论作为基础理论，正是在着重强调当前的土地制度安排不能对现在或者将来的社会生态发展形成负面影响、造成危害。因而农地产权制度创新时既要满足需求，又要有条件地加以限制，这样的“满足”和“限制”正是土地可持续利用原则的体现。

（二）公平与效率原则

土地可持续利用视角下的农地产权制度创新，首先面对的是对时间和空间态度的选择。传统的产权制度安排以当代人的发展优先，然后再去思考或者根本对后代的人发展不予关注，也即首先关注自身的生存与生活，然后再对身后之事加以考虑。持此观念的人认为，抑制当代人的发展必然损害后代人的发展，由此必然因为当代人的自私短视而对后代人的利益造成损害。我国现行农地产权制度就更多地考虑了当代人的经济利益，采用了“生态赤字”的政策。

土地可持续利用理论要求在不对后代人的土地需求造成影响的基础上，满足当代人的土地需要。土地可持续利用视角下的农地产权制度创新在时间维度上一定要遵循可持续发展理论，以此确保土地资源供给的持续性。构建出农地产权制度安排的新时空观，对制度中的时空关系重新加以设计，采用时间布局优先的原则，对后代人的利益充分考虑之后再去安排当代人的农地产权制度。有些学者认为，农地产权制度要采用代际优先的安排原则，并且要逐渐取代当前奉行的代内整体最优的制度安排原则。在产权制度具体设计时，优先对代际间的土地产权进行配置，在形成代际间的优化配置之后，再对代内农地产权的占有与使用的公平性以及整体最优的产权配置问题加以考虑。代内整体最优的农地产权配置不一定呈现代际最优配置状态，甚至会由于代内最优造成对后代的损害。因此，对农地产权一定要首先进行代际间的制度安排。土地产权制度的代际安排实质是土地产权的纵向利用安排，也即基于时间维度安排农地产权制度，是实现土地可持续利用的重要手段。农地产权制度安排一定要关注后代人的需求，不能使后代人进行土地产权配置和综合平衡的机会低于当代人，然后再进行土地产权的代内优化配置。这是目前农地产权制度创新实践中需要重点解决的问题，主要涉及农地产权制度配置的效率问题。

因此，代际、代内农地产权制度的实质就是要协调农地产权配置中的可持续性（代际公平）和配置效率（整体最优原则）之间的关系。土地可持续利用视角下的农地产权制度创新需将两者充分结合，不要把两项因素作为互相矛盾的目标，而是要互补共存。在进行产权制度创新时，能将土地利用福利有效转移给后代，当代人配置农地产权时要充分考虑后代人应该同等拥有土地产权的机会，在代际范围内对农地产权进行合理地安排与设计。

（三）协调性原则

土地可持续利用视角下的农地产权制度创新的协调性原则是：只有基于资源和环境的承载能力，才能有创新的农地产权制度下的经济和社会的发展。因此，农地产权制度要实现经济增长、社会发展与生态环境保护这三项目标的统一，达到经济、社会、环境的协调发展。创新的农地产权制度下的经济发展必须基于资源与环境的基础，其增长速度不能超越自然环境的承载能力，必须同环境承载能力相协调。要考虑环境和资源的价值，将环境价值纳入产权价格之中，逐步建立产权价格的资源环境核算体系，改变传统的产权价格核算方式。

（四）系统性原则

土地可持续利用视角下的农地产权制度创新是一个复杂的巨系统，由经济、社会与资源环境等多个方面和多种要素组成，并且处于动态发展的状态。因此，应该采用系统论的方法对农地产权制度创新进行研究，研究现行经济结构和发展速度、农地生态环境和社会因素以及各土地要素之间的相互影响与制约、彼此协调与促进的复杂的作用机制对创新的农地产权制度的影响与作用。还应把农地产权制度系统看作经济大系统中的一个子系统，建立与经济大系统和其他子系统之间相互影响与制约、相互联系与协调的作用机制。总之，土地可持续利用视角下的农地产权制度创新坚持系统性的原则有利于创新后的制度呈现良好的整体性以及与大系统的融合性。

(五) 代际均衡和共享原则

土地的代际均衡原则是土地可持续利用理论以及生态伦理学研究中最为关键和重点的问题，既可以表示为一种土地利用的平衡状态，也可以表示土地数量需求的不同代际的力量对比。关键是土地数量的问题，每代人在对土地数量占有问题上的力量对比，上代人为下代人留下未消耗完的土地资源，并不断地延续下去。而上代人消耗掉了本应该属于下一代人的农地资源时，就应该采用一定的补偿方式以此达到资源的代际共享，这样土地才能在代际间均衡地利用。

农地资源的代际均衡问题是农地产权制度安排中对代际利益进行分配和处理的问题，其实质是农地产权制度安排中的公平问题，也即每代人都有公平享有农地资源的权利，当代人作为农地资源的安排者和管理者，有义务对下代人的农地利用权利加以保护。在对农地产权制度进行设计时，不能够仅仅以当代人的利益作为制度安排的出发点，必须还要充分考虑后代人的合理利益与需求。因为产权制度安排是人类社会正常良性发展的制度工具，一个优良的制度安排一定要体现出对后代人利益的关注，要让后代人不失去其应有的或者拥有更加美好的发展条件。

(六) 代际补偿原则

土地可持续利用以保持土地资源的系统完整性、保持土地生态环境的良性运转为基础，一项理想的农地产权制度安排是实现农地可持续利用的制度保证，但是，一项完整的农地产权制度安排并不能够保证达到农地资源利用的理想状态。如果机械地停止土地利用，达到农地资源的理想状态，那么我们当代人会因为过度追求清洁的土地利用方式，从而付出经济停滞不前的代价，社会的进步也由此停顿。由于“理想状态”在现实的土地利用中并不能够实现，我们就可以对农地产权制度安排进行另一方向的制度设计。

代际补偿是由于当代人的土地资源利用对下代人造成了影响与损失，当代人必须体现出应有的代际道德，对后代人加以补偿。可通过以下两种途径实施补偿：第一，设计并构建代际补偿基金；第二，对资本存量严格保护，保持其非递减的状态。

如果当代人在农地产权制度安排下对土地资源进行适度的开发，对土地系统造成了一定程度的破坏，但是只要土地开发活动不对土地系统造成不可逆转的严重后果，所产生的效益能够抵减土地开发的损失，并且当代人对下代人所造成的损失进行了代际补偿，我们就可以说基于这项产权制度安排的土地代际利用合理可行。但是在当今的农地产权制度下，当代人对农地资源的利用并不考虑代际补偿因素，存在着制度安排中和实际土地利用中代际补偿严重不足的现象，对后代人的农地利用造成了不可逆转的损失，由此需要基于代际补偿原则对现行的农地产权制度进行创新。

（七）土地利用的承载能力原则

土地系统可为人类提供丰富的资源，但其所具有的承载能力并不是万能的，它也有一定的接纳能力和承载限度。土地系统的承载能力极限受不同地区的水土资源、人口、原料与能源的使用、土地废弃物数量以及管理技术水平等因素的影响。因而产权制度安排下的土地利用必须在环境容量限制区间内开展，其开发程度不能超越土地的承载力水平。土地产权制度下的土地利用必然也遵循土地利用的承载力原则，农地产权制度通过其特定的产权制度安排，是实施这条原则的重要的、必要的手段。

三、农地产权制度创新方式的选择

选择什么样的制度创新方式受到社会偏好结构与利益集团间的权力结构等主要因素的作用与影响。基于我国人多地少、非农产业生产力水平较低的国情以及农业重要的基础性地位、农民所处的社会地位，土地可持续利用视角下的农地产权制度创新可以运用渐进式的供给主导型创新方法，同时采用先小范围试验、后普遍推广的制度创新方式。

运用供给主导型的创新方式对我国农地产权制度进行创新，源于以下因素：1. 政府凭借其国家强制力，可提供低成本的制度服务，在制度组织与实施成本上拥有比较优势。政府行为以国家强制力为基础，等同于国家行为，国家运用其强制力时可产生高效的规模经济。因此，政府凭借垄断者的身份能够通过较低成本提供完整的制度服务。政府除了拥有制度供给的规模经济优势，还拥有制度创新组织和实施费用较低的比较优势。政府可以凭借其国家强制力对制度创新过程中出现的各种冲突、矛盾以及不合作博弈进行有效解决，由此降低创新的组织成本。2. 国家可以凭借其社会代表的身份调整和转换制度功能与结构，并且加以实施。土地可持续利用视角下的农地产权制度创新实质是调整和转换了国家相关法律法规、产业发展政策的基本制度功能与结构，而国家对它的基本制度功能与结构进行调整和转换就是其职能的具体体现，也只有国家能够凭借其社会代表的身份并且通过国家意志的方式出关于制度创新的决定，并且加以具体执行。3. 通过政府实施制度创新可以克服制度供给不足的缺陷且更富效力。经济学的基本原理指出，制度是一个公共物品，通过政府实施制度创新相当于政府生产公共物品，政府行为可以规避由外部性问题所造成的制度供给不足的缺陷，与私人生产相比较，政府实施制度创新将更富效力。4. 供给主导型制度创新方式的选择具有必要性与可能性。关于制度知识的积累只能够对创新主体的理性约束问题加以解决，制度知识要成为制度交易的实际原则必须基于这样的前提：创新主体能够从新制度中收获制度净收益。现行限制土地可持续利用的农地产权制度同样也对农村市场经济体制创新造成了影响，由此制约了国家政治经济目标的实现。所以基于政治与经济因素，政府存在着对现行农地产权制度进行创新的需求，也即，土地可持续利用视角下的农地产权制度创新源于政府的需求约束。

渐进式制度创新方式是指达到创新目标需要经历一个长期逐步推进的过程，不能一蹴而就。土地可持续利用视角下的农地产权制度之所以选择渐进式的创新方式，由下列因素共同决定。首先，目前“人多地少”的农地资源刚性结构矛盾尖锐，面临农地市场化流转、农村剩余大量劳动力的现状，以农地的资源配置效率提高和追求代际与代内公平为目标的基于可持续利用理论的农地产权制度创新目标与上述矛盾和现状之间形成了巨大的刚性约束，上述矛盾的解决依赖于农村二、三产业发展创造剩余劳动力的就业机会，同时需要农村社会保障体制的运作，以此代替农地的社会保障作用，让农民脱离农地的依赖。基于我国农村人口众多，农村劳动力的增量远远大于剩余劳动力转移于二、三产业的增量，人均农地占有量减少的趋势仍在持续的现状，农村社会保障问题仍将长时间采用家庭保障的方式。因此，以土地可持续利用为目标的我国农地产权制度创新必定是一个长期、复杂而艰巨的渐进式制度创新。

其次，基于农地产权制度创新的公平目标的实现，导致其创新方式只能采用渐进的方式。我国大多数农民主要依赖农地生活，人人拥有天赋的农地资源的思想仍然根植于广大农民的观念之中，至今没有一种较好的农地产权制度设计能够替代承包制的产权安排方式，这也是党的十七届三中全会中强调农地承包关系保持长久稳定的重要原因。所以，基于农民生存权利的保障以及农地公平分配的现实需求，土地可持续利用视角下的农地产权制度创新的效益目标只能在现有农地承包经营的制度前提下，伴随产业的发展以及城市化进程的推进而逐步实现。

最后，由于我国区域经济发展水平、农民思想观念、农地资源禀赋、农业生产力水平等方面的差异，对农地可持续利用方式与效果有着直接的作用和影响。因此，土地可持续利用视角下的农地产权制度创新的推行速度应该加以区别。首先可以在二、三产业发达的区域进行，遵循二、三产业的地域扩张而逐渐推行，也即农地产权制度的创新需要较长时间，创新空间从点到面逐渐推进。

农地产权制度创新采用先试验后推广的方式是指全国范围内并不同时全面推行创新，每项创新措施均从局部试验出发，在总结纠正制度创新的经验基础上逐渐推行。之所以采用先试验后推广的创新方式，源于以下因素：

1. 作为农地产权制度创新的设计与决策者的政府，需要处理信息不充分的问题，由此，其制度创新的实施结果必然具有不确定性。为了规避创新失误以及降低创新成本，通过小范围试验方式能够分散试验错误成本。

2. 采用创新试验的方法，可以收集到创新收益的相关信息，从而让创新参与者形成稳定预期，减少其创新阻力，降低创新成本，并形成制度创新的自身强化机制，可以加速制度创新的推进。在我国家庭联产承包责任制的推行过程中，就采用了先试验后推广的创新方式，其创新推进过程中的强化机制足以证明此创新方式的良好效果。

3. 制度创新的效果与制度和环境的耦合状况相关，各个区域的制度环境发育状况不尽相同，通过创新试验的方式可以收集到最适于采纳推广区域的有效信息，可以避免创新中的“一刀切”现象，减少了源于制度和环境的不融合而造成的创新失败的概率。

第四章　土地可持续利用视角下的农地产权制度创新的模式探讨

在前文对土地可持续利用视角下农地产权制度创新的相关理论论述和现实分析的基础上，本章提出了土地可持续利用视角下的农地产权制度创新的目标模式。本章是全书的重点与核心章节，具体构建了基于土地可持续利用理论的农地产权制度创新的近期与远期两种模式，分别就这两种创新模式的内容和运行机制作了详细阐述，并系统分析了这两种模式的可行性及积极意义。

第一节　公平与效率的统一：土地可持续利用视角下的农地产权制度创新的目标转换

农地产权制度的合理安排是社会经济持续发展的重要条件。传统的以效益目标为导向的农地产权制度系统，其制度安排的核心思路是：经济按较快的速度增长，公平问题可以不作为主要问题加以考虑，经济效益的增长可以为公平问题的解决提供基础。在此指导思想下的农地产权制度主要作为保证经济效益增长的措施，产权制度系统并不致力于效益与公平的协调发展，忽视了农地的公平问题，割裂了效益与公平的有机联系，没有将农地产权制度安排作为实现公平问题的载体以及贯彻可持续发展思想的基本手段。以农地的效益增长作为产权制度的安排标准是基于经典经济学中资源配置为核心的方法框架，主要考虑市场主体在可能受到一定限制的条件下，使某些适当的目标函数达到最大，却并不适应于可持续发展目标的需要。这种产权制度安排虽然在一定时期对我国的经济增长作出了较大的贡献，但在实践中却带来了如本书第三章中所描述的农地产权制度阻碍土地可持续利用的种种弊端。

单纯的以经济增长为目标的农地产权制度安排通常会最终导致经济增长的目标难以持续实现，也将丧失农地产权制度公平发展的保障。农地资源作为人类社会赖以生存的基础资源和社会经济发展的基本生产要素，是保障人类社会的长期生存和可持续发展的重要载体，其资源的配置必须考虑公平要素，这一公平要素包括农地利用的代内公平和代际公平。农地资源配置的代内公平要求，资源的配置不能以牺牲社会成员中大部分人的生活权力为代价，不能由于农地资源的制度安排造成社会成员生存与发展的绝对贫困存在，这是农地资源制度安排的公平性底线。农地资源的代内公平性更应该体现在：伴随农地资源配置效率的提高，社会不同群体的经济福利都应该有相应的提升，而且个体之间的经济福利水平差距还要逐渐缩小。农地资源配置的代际公平要求：后代人应该公平地享有农地资源配置权利的机会，当代人必须为后代人的发展留下充足适量的农地资源，农地非农化不能损害后代人选择农地非农化配置的权利。另一方面，农地产权制度安排的不公平会导致农地资源价格的失真和扭曲，由此产生低效益的资源配置。

同时，农地资源的产权制度安排也必须考虑资源配置的效益原则，因为提高资源利用的效益是社会经济持续发展的保障，而农地产权制度安排必须建立于社会经济持续发展的基础之上。农地产权制度安排的效率提高可为其公平问题的实现提供必要的经济保障与基础，基于高效制度安排下的经济增长可以保证不断增加农地公平制度的投资，促使农地产权制度安排的公平目标函数达到最大。反之，在农地产权制度安排中，如果没有效益的提升，经济发展必然受阻，社会经济整体效益必然随之下降，缺乏足够效益支撑的公平保障体系也必然受损，产权制度安排的公平性也就丧失了最为基础的物质条件。效益的低下同时伴随着农地资源价格的失真和扭曲，由此导致的农地资源过度非农化也必然影响农地产权制度安排的公平性。因此，农地产权制度安排必须坚持效益原则。

由此可见，农地产权制度安排的公平与效益目标之间的关系相辅相成、协调统一，并不矛盾。如果把农地产权制度安排的目标函数设立为社会福利的最大化，那么，在其制度安排目标设计时，就要使各种公平与效益目标的总和能带来社会福利的最大化，从而实现农地资源配置的次优与满意（肖健，2004）。

因此，以土地可持续利用理论为指导的农地产权制度安排应运而生。由于其制度安排的目标取向兼顾了公平与效益的宏观整体思想，将两者作为潜在互补的目标，平衡着资源配置中的公平性和效益之间的关系，体现了土地可持续利用的根本原则，为农地产权制度安排提供了依据，指明了方向。所以，让传统的农地产权制度安排指导思想向土地可持续利用思想的转变，变单一考虑效益目标为效益与公平目标兼顾的目标取向，是我国农地产权制度的创新方向。

图 4-1 显示了传统的与创新的农地产权制度安排的目标取向

的变化。

图 4-1 传统的与创新的农地产权制度安排的目标转换

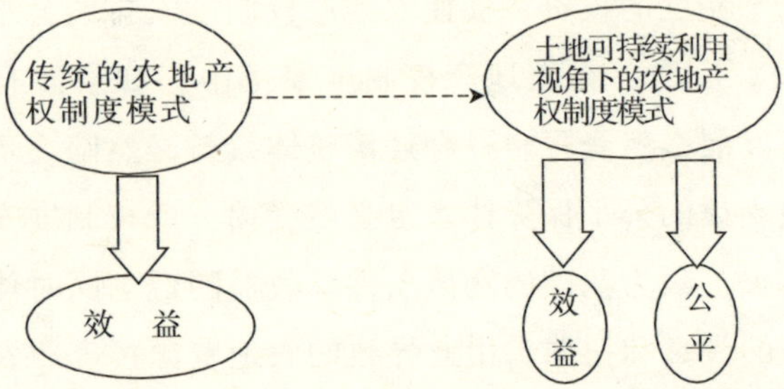

以土地可持续利用为视角的农地产权制度创新模式包含了诸多方面的使命，在公平与效率之间进行着前所未有的综合，牺牲某一方面的利益而换来另一方面的利益均不足取。美国经济学家奥肯在《平等与效率——重大的权衡》一书中深入系统地研究了公平与效率的问题，并将两者之间的协调看作是制度创新与发展的必要张力。土地可持续利用视角下的农地产权制度创新以效益和公平的统一为主要目标取向，并建立在公平与效率之间所构成的巨大张力之上。

第二节 农地产权制度创新的近期模式

一、模式描述

近期农地产权创新模式以效益和公平兼顾为主要目标取向，针对现存农地产权制度中阻碍经济效益发展及公平实现的现状，作者构思出农地产权制度创新的近期模式：集体所有，明晰农民个人股份，完善家庭承包经营，促进产权流动，以代内公平为主，代际公平为辅的制度安排模式。

二、模式内容及运行机制

有关近期农地产权制度创新模式的具体内容和运行机制可用“显化集体所有权；深化家庭承包经营权；活化经营权流动性；以代内公平为主，辅助代际公平的实现”进行概括，模式的具体实施及运行可用图 4-2 表示。

（一）显化集体所有权

显化集体所有权是把原有的农地集体所有权的具体权能体现为农民的股份持有，让集体所有权与农民股份持有相结合，通过

图 4-2　土地可持续利用视角下的农地产权近期制度安排内容

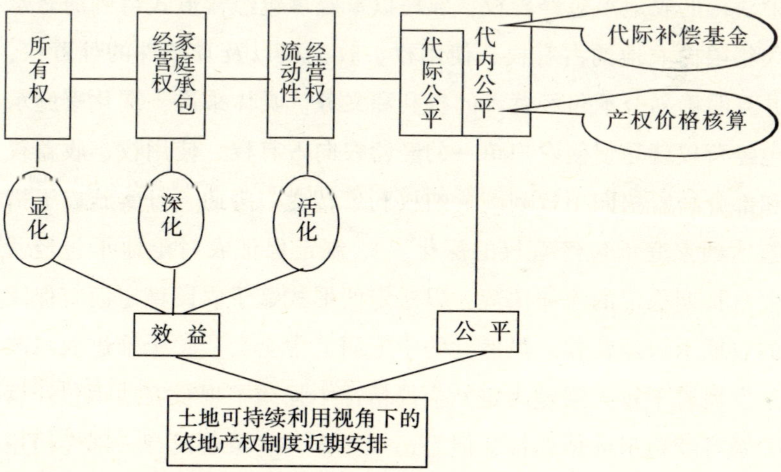

农民持有集体股份的显化方式，体现出合理的农地产权配置结构。将股份所有制导入集体所有制后，使农民原来均分的、以实物形态表现的农地承包经营权转化形成具有特定意义的、以价值形态表现的股权，即农地承包经营权发生了由实物形态到价值形态的转变。这项制度安排通过农民股份持有的方式明晰了集体所有权，以家庭承包经营的形式配置了农地使用权。

创新的农地股份所有制形成的产权结构如下：1. 农田基建、水利兴修、文化教育等由农地公共物品性质所决定而保留的一定份额的集体土地所有权；2. 集体经济组织股份合作企业的土地法人财产权；3. 由均分的农地承包经营权转化形成的农民个人拥有的集体土地股份。

（二）深化家庭承包经营权

深化家庭承包经营权建立在农地所有权与使用权相分离的制度安排基础之上。家庭承包经营的农地产权制度安排包括稳定农民正在经营和种植的农地，而更为重要的是要稳定农民从集体手中获得的农地承包经营权，农民以家庭承包经营形式得到的是永久年限内农地的占有权、使用权、收益权以及有条件的处置权，并且明确划分承包经营者的权利和义务。具体来讲，深化家庭承包经营权就是促使农户单一的经营权向占有权、使用权、收益权和部分处置权四项权利统一的权利束转变。为此，可实施以下措施达到家庭承包经营权的深化：1. 制定保证农村土地承包经营关系长期稳定的法律法规，以法定的形式赋予农民稳定而有保障的农地承包经营权。虽然党的十七届三中全会《关于推进农村改革发展若干重大问题决定》会议精神中强调了现行农地承包经营关系持续稳定的重要性，但是迄今为止，我国还没有一部专门用于界定、规范和保护农地产权关系的农地法律制度，农地产权制度缺乏有效的法律保障，由此导致农地承包经营权时常遭受侵犯。深化农地承包经营权，亟待农地产权制度法律的制定与实施，让农民获得稳定而有保障的土地承包经营权，由此树立起自身农地的产权意识以及农地权利的保护意识，同时也促使政府部门尊重农民农地权利、树立依法管理土地的法治意识。2. 基于已经稳定形成的农地承包经营关系，促进农地承包经营权权能向农地保障功能的延伸，建立与完善农村社会保障体系，逐渐缩小农地调整的范围，由此实现"增人不增地、减人不减地"的制度安排。3. 家庭承包经营主体可以收取农地转让费用。其具体措施是当农地承包经营权转让时，农民家庭可按承包农地的面积和质量（包括无偿使用的宅基地、自留地）以农地承包经营主体的身份收取相应的农地转让费用。

（三）活化产权流动性

活化产权的流动性是指在不改变农地的农业用途，不无故弃地抛荒，破坏地力，保证耕地总量和质量动态平衡的前提下，允许农民暂时或永久转让农地权利束中的使用权，国家有序地推进农地流转进程，并积极培育农地使用权流转市场。通过下列措施可达到活化农地产权流动性的目标：1. 农地使用权转让的形式可以采用转包或者租赁的方式，在转让过程中允许取得合理的补偿费用。此举目的是建立符合市场经济规律的农地使用权流转机制，提高农地的经营效率，促进农地的适度规模经营，以此取得规模经济效益，在细化农地所有权、深化承包经营权的基础上，促进农地经营权的合理流动。2. 活化产权的流动性需要充分赋予农民对农地承包经营权的流转权利，强化集体股份制下的农地承包权利的主体性，制定相应的政策措施保护农地流转利益不受损失，农地承包经营权流转的决定和流转的方式应由农民自主决策，任何组织和个人不得强迫农民土地承包经营权流转，也不得阻碍农民合法合理流转土地承包经营权。3. 从制度上保障规范、有序地推进土地流转，发展适度规模经营和多种形式的联合与合作，稳步实现社会化服务与家庭承包经营的紧密结合，达到传统农业向现代农业的转变。4. 对现存的户籍管理制度和劳动用工制度进行改革，积极培育跨越行政乡镇、村、社等行政区域的农地使用权流转市场，创造良好的农地使用权市场化流转的外部条件与环境。

(四) 代内公平为主，代际公平为辅

主要通过全面地核算农地产权价值和建立代际补偿基金两个手段来实现。当今以低于农地全面真实价格的资源定价方式，将会造成代内补偿不足，进而形成代内不公平、代际不公平与代际配置长期无效率。为了克服这一困境，笔者认为可以通过农地产权价格制度的改革来实现，具体可分为以下两个步骤。首先，放宽农地产权价格管制，让市场来定价，以此真实反映资源稀缺程度，抑制过度农地需求，此举体现了农地的经济价值。其次，由于市场定价系统仍不能全面地反映农地资源的生态成本、社会成本，可采用以高于市场经济价格的全面的农地经济成本、生态成本、社会成本来确定，同时纳入代际公平因素，可抑制因价格过低引起的过度需求、迫使在农地征收征用过程中企业寻求农地资源节约型生产方法，以此抑制农用地的过度占用，实现农用地数量的可持续性，并解决环境退化、代际不公平等问题。

有关代内与代际公平间的平衡问题，可建立农地代际补偿基金制度来实现。专项基金源于全面的农地产权价格核算，以此实现当代人的代内补偿和对后代人的代际补偿。农地产权制度创新近期模式中以代内公平为主，代际公平为辅的制度安排的精神是：当代人应享有农地代际补偿基金中的大部分补偿，后代人享有代际补偿基金中的小部分补偿。具体做法为：首先确认当代农地所有者失去其现有资源水平的价值量，进而明确当代人失去农地资源所需补偿的价值，同时测算出农地产权转移后农民城市化所需要的各种成本，以此保证农民进入城市生产生活所需的足够费用，以上两项从代际补偿基金中支出体现。其次，把剩余补偿基金中的大部分用于发展剩余农地的基础建设投入、维护与发展，以及农地所有者个人发展之用，用于补偿代内农地损失，这个补偿量应大于代际补偿价值，这也即“代内公平为主，代际公平为辅”的代内补偿原则的具体体现。最后剩余补偿基金部分可作为农地代际补偿的来源，达到代际补偿的目的。

有关农地产权制度的创新近期安排的具体内容、实施途径以及达到的目标可由表 4–1 具体阐述。

表 4–1 农地产权制度近期创新模式

制度安排	创新内容	实施途径	目标
显化集体所有权、农民股份持有	农民股份持有集体所有权，通过持有集体股份的显化方式，体现合理的农地产权配置结构，农地承包经营权发生由实物形态到价值形态的转变。	创新的农地股份所有制形成下列产权结构：1.由农地公共物品性质所决定而保留的一定份额的集体土地所有权；2.集体经济组织股份合作企业的土地法人财产权；3.由均分的农地承包经营权转化形成的农民个人拥有的集体土地股份。	效益目标

续表

制度安排	创新内容	实施途径	目标
深化家庭承包权	农地所有权与使用权相分离。稳定正在经营和种植的农地，农民以家庭承包经营形式得到永久年限内农地的占有权、使用权、收益权、有条件的处置权，明确划分承包经营者的权利和义务。	1. 制定保证土地承包经营关系长期稳定的法律法规，赋予农民稳定而有保障的农地承包经营权；2. 促进承包经营权权能向保障功能的延伸，建立与完善农村社会保障体系，缩小农地调整范围，实现“增人不增地、减人不减地”；3. 家庭承包经营主体可以收取农地转让费用。	效益目标
活化产权流动性	不改变农地农业用途前提下，允许农民暂时或永久转让农地使用权，国家有序地推进农地流转进程，培育农地使用权流转市场。	1.农地使用权转让的形式可以采用转包、租赁的方式，允许取得合理的补偿费用；2.赋予农民对农地流转的权利，强化承包权利的主体性，制定政策措施保护农地流转利益；3.从制度上保障规范、有序地推进土地流转，发展适度规模经营和多种形式的联合与合作；4.对户籍管理制度和劳动用工制度进行改革。	效益目标
代内公平为主，代际公平为辅	全面核算农地产权价值，建立代际补偿基金；改革农地产权价格；代际补偿基金制度安排是：当代人享有基金中的大部分补偿，后代人享有基金中的小部分补偿。	1.明确当代人失去农地资源所需补偿价值，测算出农地产权转移后农民城市化所需要的各种成本，以上两项从代际补偿基金中支出；2.把剩余代际补偿基金中的大部分用于代内农地补偿，剩余的补偿基金作为代际补偿来源。	公平目标

三、模式的可行性及积极意义

此项制度模式是在近期农地产权制度改革中探索和总结出的符合现阶段国情的制度创新的目标模式，具有一定的实践意义和创新意义。它能够体现我国现阶段农地产权制度改革的目标，提高我国农地的经济效益，实现资源配置的帕累托改进，也充分体现出代际公平与代内公平的平衡关系。这样的产权制度安排基于效益和公平的双重维度，以此达到土地可持续利用的目标。现就此模式促进土地资源可持续利用的可行性和积极意义阐述如下：

（一）从保留到深化——保留集体所有、家庭承包经营的合理成分，并进一步深化农地承包经营权

制度的连贯性和系统性是经济持续增长的保证与基础，为了规避社会的动荡以及经济的大幅起落，新制度的实行必须与原有制度在目标及方向上保持一定的一致性。

根据制度创新的路径依赖理论，我们得到的启示如下：1. 沿着既定方向和原有的制度路径行进，比新制度安排的推行更为经济，它可以节省大量的制度设计成本及实施成本；2. 一种制度安排产生之后必然形成基于该制度安排的既得利益格局和利益集团，他们会对形成的制度安排产生特定的依赖与需求，即便这种制度安排效率低下，他们都要竭力维持，若尝试改革，则可能遭受其强烈抵制而致使创新失败。因此，在研究农地产权制度创新问题时，必须深刻剖析我国现行农地产权制度的特征，系统地分析其演变轨迹，找出其特定的发展路径，在此基础上构建制度创新成本较低且能被大部分人所接受的农地产权制度创新模式，以此降低新制度安排的实施成本。

新中国成立后废除了封建土地所有制，逐步开展了土地改革、农业合作化、人民公社化等运动，最后形成农地产权集体所有的产权制度安排。此项制度安排根植于农村的土地实践，在我国处于较低的第一产业生产力水平和第二、三产业不发达的阶段，为农民提供了公平与公正的农村产权环境和基础的生存条件，也为社会两极分化的防止、广大农民共同富裕目标的实现，提供了基本的产权制度保障。农地集体所有制是把农村集体经济组织确认为农地产权的主体，获得的农地收益归入集体经济组织成员的制度安排，它可降低交易费用，提高农地的利用效率，克服我国长期处于私有制的农地产权制度安排对土地资源配置效率的制约。在我国实行集体所有的农地产权制度的三十余年中，绩效显著，对第一产业以及国民经济的发展贡献巨大。此项制度安排也适合我国当前农村生产力发展水平，符合现阶段广大农民群众的根本利益，符合我国社会主义市场经济体制的要求。

农地家庭承包经营的方式既符合了农地的生产特性，也遵循了生产关系适应生产力水平的规律。由于家庭承包经营的方式生命力旺盛、适应性广泛，具有容纳农业生产力差异的功能，与当前的农业发展水平相适应。历经三十多年发展，农地的承包经营权已经实现了物权化，是农民享有社会主义公有制的权力表现，也是农民作为集体经济组织成员拥有集体土地所有权的体现。

同时，深化家庭承包经营的制度安排能够使农地的各项权能释放出更大的效益，使生产者获得更加完整的农地权能。由于它明确了农地承包者的权利和义务，清晰的农地产权权利与责任由此形成，从而农地资源配置效率得以提高。深化家庭承包经营的制度安排让农地所有权与使用权彻底分离，通过家庭承包的方式明晰了产权，可规范农地的分配收益，促使农民形成稳定的预期，激发其对农地的生产与投资的积极性；可促使农地的使用权形成商品，用市场的方式参与配置；农地生产者具有充分、完全的自主生产经营权利，可以遵照利益最大化原则对资源进行配置。因此，我国现阶段深化家庭承包经营的制度安排具有合理性和积极性。

2008年10月12日召开的党的十七届三中全会《关于推进农村改革发展若干重大问题决定》强调了稳定和完善农村基本产权制度的精神，决定中明确提出现行的农地承包经营关系必须持续稳定。党的十七届三中全会的精神前提是要充分发挥现行农地产权制度的稳定性，以此促进农地经济效益的提升与发展，保证农村经济的持续稳定增长。由此可见，集体土地所有权制度不会改变。

现阶段保留农地产权集体所有，承包经营制既是确保党的农村政策稳定、连续的需要，也是保证农民对农地持续、积极投入的需要，更是通过稳定和完善现行的农地产权制度，在实践中逐步探索和建立与我国市场经济相适应又符合国情的农地产权制度的需要，并为以后的农地产权制度创新的质变累积量变的过程(李明秋，2001)。

因此，作者认为现阶段的农地产权制度创新可继续保留农地集体所有的家庭承包经营制，这有利于现行农地产权制度的合理性与优势性的持续，也是对党的十七届三中全会精神的遵循与贯彻。

(二) 从集体所有到显化农地股份——引入农民持有集体股份的制度安排

从不完善到完善、从低级到高级是事物发展的普遍规律。稳定不是停滞不前、凝固不化，制度维持与稳定的前提条件是制度的完善和富有效率。现阶段，我国农地产权制度创新只能在正视制度缺陷的前提下，对现有产权制度进行适时的调整和必要的完善，而并不是一味地维持制度的稳定。因此，我们必须正视现行农地产权制度中存在着所有权主体模糊、承包经营权不完整的弊端，并针对此弊端进行适当的修正与创新。基于此，本书提出了在农地集体所有的基础上明晰农民股份，实行农民股份合作的制度创新。关于此项制度创新的积极意义分析如下：

1. 能够规避现行集体所有制下农地产权主体不明的弊端。这项制度以股份形式明晰集体所有权，以家庭承包形式配置使用权，以此作为农地产权制度近期创新的约束条件和起点条件。通过股份所有制的引入，能够规避现行集体所有制下农地产权主体不明确所带来的农地产权权、责、利相分离，农地被随意征占，农民对农地使用权的预期不稳定的弊端。通过集体土地所有权归属的明晰，合理的农地产权结构得以形成，使农地拥有者和使用者获得了比原制度更加完整的产权，同时创新的产权结构释放的产权权能更加充分，可大幅降低农地保护与收益合理分配的交易费用。凭借明晰的产权，农地所有者与使用者拥有的土地收益会更加稳定，并形成农地资源配置效率提升的激励。

2. 遵循了路径依赖的特性，降低了制度变迁的成本。产权制度的创新必须基于既定的现状与约束条件，本书提出集体土地农民股份持有的创新安排的现实依据是：农村土地属于集体所有，农民拥有土地承包权。股份所有制的实行既满足了由集体所有制的产权特性所决定的农民公平占有农地产权的要求，又符合了在产权明晰的基础上促进土地使用权的流动与规模经营的形成、资源配置效率提高的要求，并延续了我国农地产权制度创新过程中形成的地权均分与家庭经营的特性，因此符合制度变迁的路径依赖规律，可规避农民的抵触行为，降低制度变迁的成本。

3. 以股份所有制的形式保留所有权，情感与经济上农民都容易接受。土地是农民生产、生活和情感的根本，农民不能失去与之息息相关、难以割舍的土地。从农民的经济与情感诉求出发，采用农民股份持有集体土地所有权保留其所有者身份的方式具有可行性。通过股份的形式对集体土地所有权加以明晰，可以使农民脱离土地，放心地从事非农产业，同时从事农业的生产者也由于农地产权的明晰而增加土地的持续性投入，提高生产的积极性、主动性。

4. 有利于规模经济的形成与土地生产率的提高。通过均分的集体土地所有权形式，农地产权形态发生了由实物形态向价值形态的转变，从而形成农地所有权明晰、使用权相对集中的产权格局，为土地使用权的流转创造了良好的前提条件，有利于土地规模经济的形成与生产率的提高，为农地资源的合理配置打下了坚实的基础。农地所有权明晰、使用权相对集中的产权格局可以形成农地资源的统一利用规则，并形成土地的规模集中，可向愿意承包农地的农民重新发包，这样既保留了家庭经营无需监督、激励充分的优势，又为家庭经济效益的提升创造了有利条件。

5. 集体有了稳定的租金来源，有利于土地资源的保护与持续利用。实行集体股份制后，还留有部分所有权的集体对于承包出去的农地有了稳定的租金来源，由此也决定了集体土地所有权的代表对由公共品特性决定的农地有基础设施的建设与维护、水利设施兴修的责任与义务，同时也对承租方履行耕地保护、地力培养的责任提出了明确要求，以上由集体股份制所产生的责任与义务都有利于农地资源的保护与可持续利用。

(三) 从家庭均分到适度规模经营——加强农地承包经营权流动的制度安排

在农地产权近期创新模式中提出加强农地承包经营权流动的制度安排，有如下可行性与积极性：

1. 农地使用权的流转可为农村要素市场的建立与完善创造条件。在农地产权近期创新模式中保留农地所有权归属于集体，农民股份持有产权的前提下，农地家庭承包经营制使农地产权结构关系较之创新之前有所改善，较好地实现了所有权与使用权的分离，农地使用权由此成为具有完整独立经济内容的一项经营管理权。两权的适度分离可为农用地进入生产要素市场奠定基础。伴随我国经济发展和城市化进程的推进，农地使用权流转市场的逐步建立与完善日显重要与迫切。

2. 农地使用权流转可提高农地利用效率。农地流转作为农地产权制度创新的一项重要内容，使农民与农地之间发生了由依附关系变为具有相对弹性与分离关系的变化。农地使用权流转可以让善于农地耕种与经营的农户多使用农地，由此实现农地的规模经营，也可让从事二、三产业的农民致力于非农生产，减轻其农地耕种的压力，规避现行农地利用中的“多种不能，少种不断”的矛盾。农地使用权流转可提高农地生产要素的配置效率，尤其可对农用地中的“四荒”地进行利用与开发，可提高农地资源的综合利用效率，缓解农地资源极度稀缺的矛盾。

3. 农地使用权流转可调整农村经济结构与效益。当前我国农村经济结构呈现单一化与低效的状态，这也成为影响我国农村发展的突出问题，以粮食生产为核心的种植业是我国农村经济结构的主体，农产品普遍档次低、品质低、价格低廉。农地使用权流转可对现行的农村经济结构进行相应的调整，首先可以对农村经济结构进行优化，提高资源配置效益。把小块土地集中连片，按效率原则重新配置土地，进行适度规模经营，可以促进土地、资金、技术、劳动力等生产要素合理流动和优化组合，实现专业化分工、规模化生产、产业化经营和企业化管理，大大提高农村经济效益。其次有利于优化农业产业结构，增进农业效益。从长远发展趋势看，不但畜牧业、乳业、果业、林业、水产业会逐步增加，即使种植业内部蔬菜、瓜果、花卉和其他经济作物也会继续发展，随之，小块农民承包地必须相应进行结构调整。由此可见，农地资源伴随农村经济结构调整而流动是必然的结果，二者之间可形成一种良性互动的关系。

4. 农业劳动力转移要求农地使用权流转。随着农村非农产业的迅速发展，城市化水平的不断提高，农业劳动力转移速度明显加快，导致在农村从事农业生产的劳动力大多是不能承担繁重劳动的老人与妇女，并且由于老人和妇女在我国文盲总人口中拥有较高比例，亦使得高新农业科技的推广困难重重。所以，在传统耕种业中，许多地方的农民放弃精耕细作的生产方式，继而采用粗放式、低效率的方式耕种家庭承包的土地。同时，由于户籍管理体制的局限和社会保障制度的不完善，许多已在非农产业中拥有一定事业且无精力经营承包土地的农民，仍不愿放弃土地或无法将土地的使用权转让出去，现有的城乡分割的户籍制度，制约着这部分农民的城市化进程。入城农民在子女入学、就业和社会保障等方面仍受到与城市居民不同的歧视性待遇，这也使得进城农民不敢完全放弃土地，真正进入城市化进程。即使他们愿意放弃土地，却又面临家庭承包农地的使用权无法流转的现状，从而造成农地低效耕作甚至抛荒的现状。因此，当前我国农村面临着土地使用权流转的问题。通过农地产权制度近期创新的制度安排，采用有偿的方式实现农地使用权的流转，可以繁荣农村商业和各类服务性行业，实现农村经济社会的专业化、多元化，对提高我国的城市化水平也将产生积极的影响。

5. 农地使用权流转可提高农业国际竞争力。我国农业面临的最大冲击是农产品成本高，国际竞争力低，经不起发达国家具有价格比较优势的农产品进口的冲击，农产品成本连年上升已成为突出问题。其主要原因在于农业要素投入结构中，资本要素对劳动要素的替代效用明显加速，而土地的经营规模却没有相应扩大，农业劳动生产率提高缓慢。根据国际农业发展的趋势，资本投入增加、劳动投入减少是必然规律，当经营规模扩大时，成本相应会降低。所以，农地产权制度近期创新中关键需要通过农地使用权的流动，相对集中扩大农业经营规模，实行规模经营。因此，加速农地使用权流转，走规模经营化道路，发展现代农业成为农地产权制度创新的必然选择。

6. 资源的优化重组要求农地使用权流转。国民经济结构的战略性调整为农地流转提供了历史机遇，为适应农地产权制度近期创新的要求，农业增长方式必然开始向调整和优化结构、提高农产品质量和经济效益、增加农民收入方面转变，从而促使农业逐步成为投资的新领域。一大批有资金、有技术、有市场的企业、私营业主和城镇职工、技术人员，纷纷到农村兴办农业企业或建设原料基地，他们首先投资于农业基础设施建设，从而解决农业交通不便、信息不灵、水电不通等问题，农业投资主体朝着多元化方向转变。农业基础设施建设资金不足的矛盾会得到逐步解决，进而可促进农地的大规模流转。

7. 农地使用权的流转可让农地承包经营权得以稳定与强化。农地产权制度近期创新模式中建立在两权分离基础上的土地承包权，实际上已变成一种能独立带来利润的经营条件或资本。通过农地使用权的流转，可以让单一的土地经营权变为占有、使用、收益和处分四权统一的土地承包权利束。特别是对农地使用权的出租、入股及抵押等权利充分地赋予到农地的承包权利中。这样的农地承包权既能够保证农户在现行农地永久使用的期限内有偿或无偿地对农地进行转让，也允许农户通过土地使用权入股或作为抵押品取得非农产业的经营权利。如此，既满足了农户对土地占有的意愿，又形成了土地流转的市场机制，从而为农地资源的有效配置提供有效的组织形式。

党的十七届三中全会《关于推进农村改革发展若干重大问题决定》明确提出:“加强土地承包经营权流转的管理和服务，建立健全土地承包经营权流转市场，按照依法自愿有偿原则，允许农民以转包、出租、互换、转让、股份合作等形式流转土地承包经营权，发展多种形式的适度规模经营；有条件的地方可以发展专业大户、家庭农场、农民专业合作社等规模经营主体。”本书关于加强农地承包经营权流动的制度安排与会议精神相符，其目的就是要加强农地产权制度的经济活力，促进农地经济效益的增长，实现农地的可持续利用。

（四）从代内公平到代际公平——以代内公平为主，代际公平为辅的农地产权制度安排

代内公平与代际公平是可持续发展理论的两个最重要的公平形式，也是其理论精髓，关于土地利用的代内和代际公平，主要是指土地资源在代内和代际的公平分配问题。只有代内公平没有代际公平，或者只有代际公平没有代内公平，都不可能实现土地资源的持续利用。代际公平与代内公平是土地资源持续利用不可或缺的两个方面。从人类土地利用的持续发展来看，代内公平是代际公平实现的基础，代际公平的实现有赖于代内公平的实施。如果同代人之间的公平尚且做不到，根本不能谈及代际间土地利用的公平。从这个角度看，代内公平是代际公平的前提条件。在土地产权的制度安排中，代内公平问题不予以优先考虑，当代人就不能够自觉地去关注和解决后代人的代际公平问题，更难以在实践上真正地解决代际公平问题（彭分文，2003）。从这个意义上讲，代际公平的实现有赖于代内公平问题的解决。

就代内公平本身的实施而言，代内不公平对土地的可持续利用带来了很多恶果，表现如下：1. 它影响土地资源代际公平的实现。2. 它是导致社会动荡的来源。稳定是一个社会可持续发展的前提，也是代际公平问题实现的关键，没有社会的稳定，任何可持续问题都无从谈起。如果代内不公平，将会加剧社会各阶层的利益矛盾，导致一部分人的心态失衡。3. 因代内不公所引起的贫困对土地资源持续利用的负面作用很明显。土地资源环境恶化的最大根源在于富裕者为求最大利润和享受而对土地资源进行掠夺开发，同时，贫困者为求生存也不得不滥用土地资源。

针对当今土地资源利用的代际公平问题进行分析，不可持续

的发展因素主要还源于代内土地公平问题没有能够得到较好的解决。如果我们为了实现土地资源的代际公平问题而大喊代际公平的口号，大谈当代人对于后代人的责任，不仅片面，而且也本末倒置了代际与代内公平问题（黄乾，2001）。甚至，有学者认为保证代内公平对实现土地资源的可持续利用具有更为重要的意义。因此，我们必须对代内公平问题予以高度的关注，不能只关注代际公平而忽略代内公平。

特别在农地产权制度创新的近期阶段，由于农村生产力发展水平、人地比例关系、非农产业的发展状况以及农民的思想观念的限制，一味地强调农地利用的代际公平的实现，如同在生产力较低阶段拔高生产关系一样，反而会阻碍代际公平问题的实现。因此，代内人群的土地公平问题的实现尤显重要，只有保障当代群体的利益，后代人的利益才有可能不受损害，必须强调当代人土地资源的机会选择和结果占有，满足当代人的需要，只有实现代内公平，才能实现代际公平。

基于以上分析，我们在农地产权制度创新的近期公平模式中提出代内公平为主，代际公平为辅的制度安排。

（五）代内与代际补偿基金——公平问题的实现途径

在现实生活中，土地资源利用的理想状态并不存在。人类对土地资源的持续利用是以不对自然环境造成破坏，不损害自然资源系统的完整性为准则，但在实际生活中，这样的理想状态并不存在。如果一定要将这条准则强加于现代人的发展上，则会使现代人在追求绝对清洁的过程中付出过大的代价，将影响社会的正常发展。所以，补偿原则是实现公平问题的最好方式。补偿原则与公平原则相辅相成，也即：在发展过程中，人们不能获得同等的发展机会或者社会发展所获得的福利出现分配不公平时，应当给予补偿，即对受损者给予补偿。在可持续发展总体战略中，引入补偿原则，既能够限制不合理的发展方式，又能够克服不公正现象。

代际补偿是一种现实的补偿，现代人对自然资源的开采利用对后代造成了一定损失，现代人必须对此作出补偿。补偿要求是，受益方通过一定的方式为受损方提供补偿，从而让受损方不至于丧失原有的福利水平或者让损失在原有福利水平基础上有所提高。基于潜在的福利原则，一项供给的政策或者项目会让部分人受益，另一部分人受损，不会存在让全社会都普遍受益的政策和项目，而通过假设补偿原则，可以降低供给的政策和项目的外部消极性，同时关于治理和发展、效益和成本的评价问题，可以对政策和项目进行有效的选择，而不是仅仅根据实际的福利标准选择政策与项目。基于潜在的福利原则对一项政策和项目进行权衡时，若效益大于成本，可以采用，虽然对费用的承担者和利益获得者的问题不予考虑，但是，基于效益大于费用的原则，可以要求受益方对受损方进行补偿，并且能够产生一定的净效益。据此，我们可以得出这样的结论：基于潜在的福利原则，既可以对当代人的行为进行约束，又可以为后代人提供补偿。土地可持续利用过程中如果消除让后代人受损的政策难度很大，可以积极地运用补偿原则，从而让后代人基于效益大于成本的利用中获得足够补偿。

从帕累托视角下考察可持续利用代际公平关系，也提出了代际补偿的观点，认为可持续发展理论下的代际公平关系其实质要维持一种帕累托改进的代际均衡关系。由于上代人对下代人的利益必然会存在着代际损害，对于不可再生资源，特别容易造成代际间的损耗，所以，对于农地资源，代际应该遵循修正后的帕累托改进原则。因此，当代人在土地可持续利用理论贯彻中获得的收益必须可以补偿后代人因此造成的损失，并且只有当代人所获得的利益扣除支付的代际补偿成本后还有剩余，土地可持续利用的代际公平关系才能够得以持续。

农地资源的代际公平应该包括以下两级内涵。第一级内涵是指农地资源在各代人之间的分配是否公正，这包括：1. 现代人对农地资源的利用是否对后代人发展的基础造成了破坏；2. 现代人对农地资源的投资与消耗在数量上是否匹配。第二级内涵是指对现代人对农地资源的投资，包括中低产田的改造、农村水利基础设施的修建、土地整理等等（陈基湘，1997）。如果农地资源在当代和后代人之间出现不公平现象，农地资源的代际配置数量失衡，此时当代人应该对后代人进行必要的补偿。出现数量相对失衡时可以通过科技水平提高的方式提升资源利用效率，从而达到代际公平，而出现绝对失衡就必须通过主动的代际补偿达到农地资源的均衡利用。

以上分析为农地资源代际补偿的必要性提供了理论依据，我们还可以通过图 4-3 直观地分析出农地资源不存在代际补偿时所造成的负面影响。

在图 4-3 中，OQ 和 OP 分别表示农地数量和农地价格，AF 表示农地的需求曲线，SMC 和 MC 分别表示进行了代际补偿和没有进行代际补偿的农地社会边际成本，由于代际补偿因素，SMC 必定严格处于 MC 之上。

对农地进行了代际补偿后，SMC 成本曲线与需求曲线 AF 处

图 4-3 不进行代际补偿造成的农地净福利损失示意图

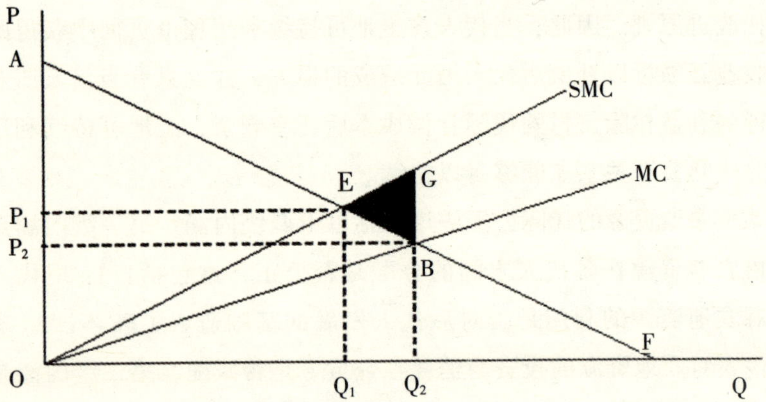

于均衡状态时，E 为均衡点，P_1 表示均衡价格，Q_1 表示均衡需求量；在对农地没有进行代际补偿时，MC 成本曲线与需求曲线 AF 达到均衡，B 为均衡点，P_2 表示均衡价格，Q_2 表示均衡的需求量。边际成本曲线以下的三角形面积可以看作总成本，需求曲线以下的梯形面积可看作总收益。

考虑农地资源的代际补偿成本因素时，E 点为均衡点，均衡交易量是 Q_1，AOQ_1E 为总收益，OQ_1E 是总成本。经济学对土地资源等公共品引发的福利变化通常用生产者剩余与消费者剩余之和的变动来衡量，本图中由 OAE 组成的面积就是生产者剩余加消费者剩余，也即是创造的净福利。

当不考虑农地资源的代际经济补偿时，均衡点位于 B 点，均衡交易量从 Q_1 增至 Q_2，即当代人对农地资源实行了超额需求，代际不公平问题由此凸现。总收益由此增加，梯形面积 Q_1Q_2BE 为收益增量，但同时总成本的增幅更为显著，梯形面积 Q_1Q_2GE

即总成本的增量，与进行代际补偿的情况相比较，其净减少的福利水平为EBG，也即图中的阴影部分面积。

通过上述两图形间的直观对比，得出如下结论：在农地资源的分配中，不进行代际补偿，将造成农地资源利用的整体福利水平减少，这是对代际补偿因素忽略的必然代价。

因此，通过代际补偿的办法达到农地资源代际共享与均衡发展是农地可持续利用的可行选择。要实现农地资源的代际补偿，在产权制度安排上，主要是从时间维度出发对土地资源的产权安排进行合理的分配和设计，解决好当代人和后代之间的资源使用量的问题，既要保证当代人的合理需求，又要为后代人留下较好的生存与发展条件。实现代际补偿有两种办法：一是建立代际补偿基金；二是保持非递减的资本存量。要保持非递减的资本存量在现实中不具有可行性，所以建立代际补偿基金是可行的选择。

资本转移是代际补偿基金运行的重要方式，它可以同时满足当代人和后代人的发展需求，并可同时为数代人提供发展机会，关于发展机会的多少，主要受到资本存量累积因素的制约。所以，资本存量的累积程度是资本转移的前提与基础，对于代际补偿基金的良性有效运转作用与影响巨大。基于社会学角度观察，资本的转移通过代际叠加、转换的方式存在于资源利用的全过程，充分显示了资本在代际间的传递、发展与创新。任何一代人所拥有的生产成果，均包括了上代人与当代人所创造的共同成果，这也即是代际叠加、转移过程中生产成果的均衡共享，也称之为资本转移。关于土地资源的利用过程中，上代人对土地资本的投入程度，必将影响与作用于后代人的经济行为。因此，通过资本转移的方式建立代际补偿基金，能够提供农地产权制度安排中当代人与后代人农地资源均衡与共享的机制。

（六）代际补偿基金中体现农民城市化的成本——代际公平实现的有效途径

农地代际公平的实现应放在城市化的进程中予以考虑，其公平的实现也必须依赖于城市化进程，城市化是解决农地代际公平的有效途径。农民通过农地产权转移后进入城市，实现城市化进程后可提高其自身经济发展的效益与水平，城市化进程可以保证当代农民享受农地资源带来的权益，且对子孙后代永续开发利用土地资源的能力不构成影响，城市化后的农民成为城市社会成员后可形成市民社会中的权利分享结构，享受充分的城市社会福利，拥有充分的权利内容和个人权益，城市化是增加农民收入的较佳路径。城市化进程并可节省大量的社会成本和交易费用，城市化进程让农地产权权利的分享与运用在同代人之间进行了优化，从而达到代际农地的合理开发与配置，从而可形成与我国国情相符的、可持续的、科学的农地产权制度。因此，合理配置农地产权资源，以科学的农地产权转移速度确保城市化进程的有效推进，这是当代人所面临的农地代际公平问题的一项重要课题，需要当代人运用可持续的土地利用观加以解决。

同时，我国现行偏低的农地征收补偿标准使得农地产权转移发生后的农民生产生活水平普遍下降，失地农民城市化后面临再就业困难，社会保障制度不健全、高额的城市生产生活负担等种种问题，农民城市化后各种社会矛盾日渐凸显。因此，让农地产权转移后的农民充分分享城市化进程中的收益，规避城市化后引发的各种社会矛盾，探索适合农地产权转移后的农地代际补偿方式，有效地解决农民的代际发展问题，是解决是农地产权转移后参与城市化进程所亟待解决问题的核心和关键。而本书通过全面科学地农地产权价格的测算，大幅地提高了农地产权转移中的农地价值水平，通过全面充分的农地产权价格工具，可为农地代际补偿基金的建立与运行提供充足的资金支持，从而为农地代际补偿基金支出合理而足额的农地城市化所需的各项成本创造了坚实的物质条件。农地产权转移后的农民可获得其城市化所需要的足额资金，从而让农民分享城市化进程的收益，形成农地产权转移后的农地收益合理分配比例，以此适应农民城市化发展的需求，构建出农民城市化权益的保障机制。总之，通过农地产权价格的充分全面核算，建立代际补偿基金，并从代际基金中支出农民城市化所需成本，能够体现当代人对公平问题的高度重视，是解决农地代际公平问题的重要手段与措施。

（七）农地产权价格的全面核算——土地可持续利用实现的有力工具

现行农地征收征用中对农地产权价格的核算，采用偏离资源自身价值的低价方式来确定农地价格，由此将产生市场失灵和政策失灵，造成农地资源利用的代内、代际不公平以及长期无效率。有关低价的农地产权价格所导致的农地利用低效率和配置的代际不公平现象，可通过图 4–4 分析得出。

此图与图 4–3 一致，只是增加了按控制低价所产生的成本线 GC，此成本线不包含环境成本、只对代内公平因素进行考虑，P_3 为个人期望的价格，Q_3 为需求量，C 代表个人均衡点。

如果采用市场确定农地价格的方式，P_2 为均衡价格，OQ_2 为均衡交易量，通过 $OABQ_2$ 与 OBQ_2 面积相减，由此得出净收益为 OAB；如果采用低价确定农地价格的方式，P_3 代表价格，均衡交

图 4-4 农地价格低价确定与代际公平的关系

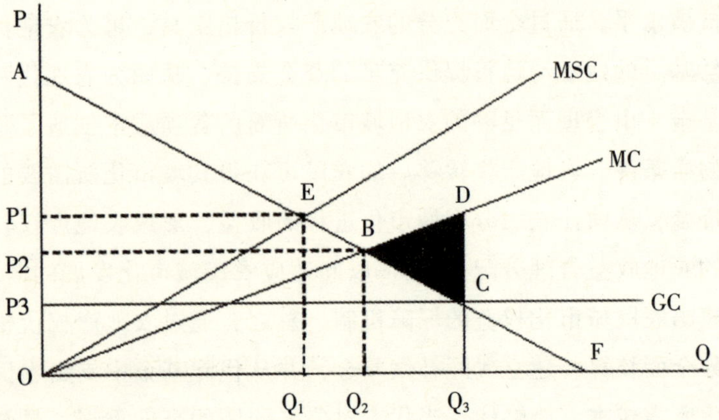

易量由 OQ_2 增至 OQ_3，从供给角度观察，可由梯形面积 Q_2BCQ_3 表示总收益的增量，而总成本也增加了 Q_2BDQ_3 所组成的面积，由此可看出社会福利净损失为 BCD，由图中阴影部分面积表示，此时市场机制处于失灵状态。OQ_3 与 OQ_2 之间的距离表示农地资源因低价定价所导致的个人需求过度与代际不公平，OQ_3 与 OQ_1 之间的距离反映出市场失灵程度以及由此引发的农地代际配置低效与代际损失。

通过图 4-4 分析得出结论：低价确定农地资源的方式将造成农地市场价格机制失灵，它影响经济效率的增长，损害农地代际配置的公平。

人们认为，生产投入要素的低价格有助于刺激经济活动。因此，为了经济效率的提高，用低价控制农地资源价格。按照市场定价的方式尚不能够反映农地资源的环境成本和代际损失，如果以低于产权价格的价格控制方式确定农地价格，将造成公平与效率的更大损失。

低价确定农地价格的目的是为了供求关系的平衡，但由于政策失灵，导致对农地的需求过度，由此对资源、环境、效率和公平造成消极影响，具体的影响情况可由图 4–5 表示。

图 4–5 与图 4–4 一致，用 DD 表示需求曲线，SS 表示考虑了生产成本的供给曲线，CC 表示低价确定的农地价格，OQ_2 表示农地配给量。

采用市场定价的方式，Q_1E 和 OQ_1 分别表示市场定价状况下的农地价格和交易量；采用低价定价的方式，CC 和 OQ_3 分别表示低价定价状况下的价格和交易量；在无法满足农地资源的过度需求时，政府实施配给制度，可用 OQ_2 来反映政府配给的农地数量。此时，消费者的支付意愿用 $ODAQ_2$ 表示，实际支付用 $OCBQ_2$ 表示，把 $ODAQ_2$ 与 $OCBQ_2$ 相减，所产生的梯形面积 DCBA 称为消费者剩余或租，也同时表现为社会福利净损失，由此

图 4–5 农地低价确定与公平、效率关系的示意图

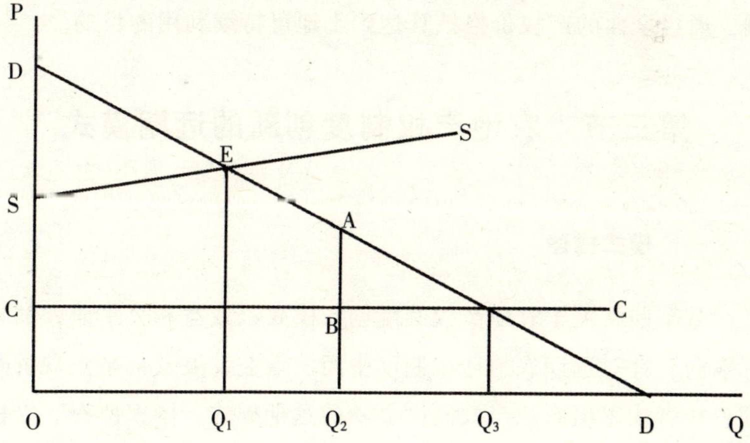

不能实现农地资源供求平衡的政策初衷，从而导致了农地的需求过度、寻租以及鼓励浪费的现象，通过这种短期刺激效率的低价确定农地价格的方式会加剧环境的破坏，损害代际公平，同时增加了政策失灵的社会成本，损害农地配置的长期效率，影响土地的可持续利用。

通过上述分析，我们得出关于农地产权价格定价的重要结论：为了走出农地低价定价的困境，首先要放宽国家对于农地产权价格的管制，通过市场方式定价，使农地资源稀缺程度得以真实反映，抑制对农地产权转移的需求过度。其次，由于采用市场定价的方式仍然不能够体现环境、代际成本，对于农地这种稀缺的、不可再生资源可通过价格控制的方式进行定价，但不是采用低于市场价格的办法，可通过社会边际成本来确定，此成本高于市场价格。社会边际成本由边际生产成本、资源退化或污染所导致的外部生态环境成本以及代际公平补偿成本组成。此成本充分考虑了生态、环境、公平、发展以及效率因素，可以抑制因过低的农地价格而导致的需求过度、环境破坏、代际不公平等负面影响，通过全面的产权价格核算达到土地可持续利用的目的。

第三节　农地产权制度创新的远期模式

一、模式描述

基于前文关于农地产权制度创新模式以效益和公平兼顾的目标取向，针对远期农地产权制度中经济效益发展及公平实现的预期，作者构思出农地产权制度创新的远期模式：国家所有、农民永佃、家庭农场经营、代内和代际公平相结合的制度安排模式。

二、模式内容及运行机制

遵循效益与公平原则相结合的制度安排指导思想，有关远期农地产权制度创新模式的具体内容和运行机制是：收回集体所有权为国家所有，设立农地永佃权，采用家庭农场经营，代内和代际均衡发展实现公平。模式中涉及的远期时间范围特指在本世纪中叶以后的时间段。模式的具体实施及运行可用图 4-6 进行概括。

图 4-6　土地可持续利用视角下的农地产权制度远期安排内容

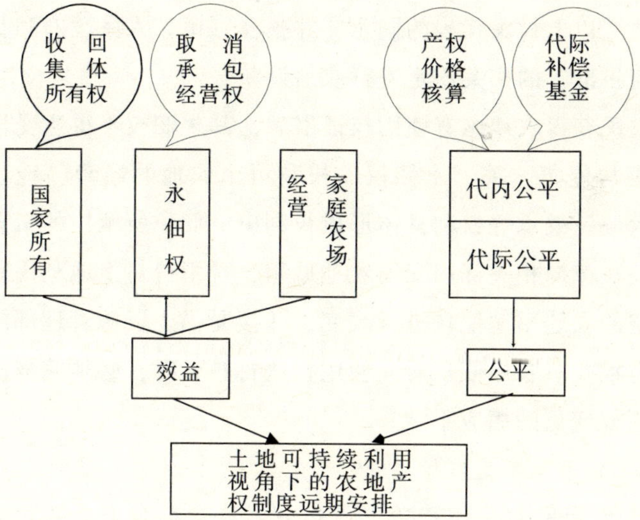

(一) 收回集体所有权归国家所有

国家通过相关立法规定农地所有权收归国家所有。基于原农地承包经营权合同，农地承包经营者向所在地土地资源管理部门进行农地转为国有所有权的变更申报登记，通过实地勘察确权程序后，向原农地使用者颁发国有土地使用权凭证，也即农民可拥有农地无限年期的使用权，不愿承租农地的农民可将原承包农地退还国家。

(二) 在土地承包经营权的基础上建立永佃权

农地承包经营权可以直接构造成为永佃权，通过无限延长现行农地承包合同期限的方式，形成永佃权，也即将原农地承包经营权合同改发为国有土地使用权证书，由佃户支付地租，在租佃的土地上耕作、畜牧、养殖。若要对个别租佃地进行调整，可借鉴现行《土地管理法》“必须经村民会议三分之二以上成员或者三分之二以上村民代表的同意，并报乡（镇）人民政府和县级人民政府批准”的相关规定进行农地调整。

农民获得农地国有使用权证书后，其永佃权不得遭受任何非法损害与侵犯，关于永佃权的权利可由农地的经营、转让、抵押、入股、继承等权利具体形成权利束。佃户所承担的义务是依据相关法律向相关部门交纳农地地租，且不得对土地利用总体规划规定的农地用途擅自进行改变，并接受国土资源管理部门的严格监督检查。农地佃户对其使用权进行转让时，必须完成国有农地使用权变更的相应手续。

(三) 采用家庭农场经营

1. 农民家庭采用租赁、承包或者经营自有土地的农地经营形式，可创办独立经营家庭农场、股份合作制家庭农场、公司制家庭农场。家庭农场作为一个企业可以由个人、家庭所有和经营，或由联合体、公司所有和经营。农民通常在自有土地上经营，也可以租入的部分或全部土地经营。农场主本人及其家庭成员直接参加生产劳动，家庭农场并不意味着独立的家庭个体生产，它不排斥一定量的雇佣劳动，并可为放弃农地经营的农民提供继续从事家庭农场生产的岗位。

2. 以农户家庭实际经营能力定农地规模，组织生产上要实行农业标准化生产、农机化作业及全面实施测土配方施肥技术，同时要建立农业生产档案，签订统一流转土地合同文本。

3. 不愿意从事农业生产的农户主动将租佃田以转包、租赁或入股的形式交给农场主经营,既可获得一份稳定的经济收入,又可放心地从事第二、三产业或外出务工。同时,对于愿意继续从事家庭农场经营的人员,家庭农场可为农村劳动力提供就业岗位。

4. 强化农地流转的规范化管理。建立农地流转市场、农地流转价格形成机制和纠纷调处机制。

（四）代内和代际相结合的方式实现公平

1. 当代人和后代人都享有代际补偿基金中的均等补偿。在农地产权创新近期模式中论述了通过全面核算农地产权价格和建立代际补偿基金两个手段来实现代际与代内公平。有关代内与代际公平间的平衡问题，可建立农地代际补偿基金制度来实现，专项基金来源于全面的农地产权价格核算，以此实现当代人的代内补偿和对后代人的代际补偿。农地产权制度创新远期模式中代内和代际公平相结合的制度安排是：当代人和后代人都享有农地代际补偿基金中的均等补偿。具体做法如下：首先，在农地非农化的过程中通过全面的农地产权价格核算确认出所有的补偿价值。

其次，确认当代农地使用者失去其现有资源水平的价值量，进而明确当代人失去农地资源所需要补偿的价值，同时测算出农地产权转移后农民城市化所需要的各种成本，以此保证农民进入城市生产生活所需的足够费用，以上两项从代际补偿基金中支出体现。最后，把剩余补偿基金以均等的方式用于代内与代际发展之用，达到代际与代内均衡补偿的目的。代内补偿主要用于发展剩余农地的基础建设投入、维护与发展，以及农地所有者个人发展之用，基金中代际补偿部分具体用于土地环境的治理和生态保护，保证当代人不加重农地生态环境的恶化，以此体现当代人在代际环境保护问题上权利与义务的公平性。这就是“代内与代际公平相结合”的补偿原则的具体体现。

2. 国家投入资金作为农地代际发展基金。国家基于农地可持续利用发展战略的实施而主动建立农地代际发展基金，基金主要用于农地的代际补偿。通过上升到国家层次的主动补偿行为，确保农地代际公平的实现。

3. 加强代际公平法制建设。对于当代人内部而言，实现代际公平必须以法律制度为基础，以法律制度的形式，明确当代人在农地资源代际利用和农地代际环境保护问题上的权利与义务关系，以刚性的法律制度规范约束当代人的行为，从而使后代人的生存和发展的权利得到切实保证。

有关农地产权制度创新远期安排的具体内容、实施途径以及达到的目标可由表 4–2 具体阐述。

表 4–2 农地产权制度远期创新模式

制度安排	创新内容	实施途径	目标
收回集体所有权归国家所有	国家通过相关立法规定农地所有权收归国家	基于原承包经营权合同的农地承包经营者进行农地转为国有的所有权变更申报登记，勘察确权后，颁发国有土地使用权凭证，不愿承租的农民，可将原承包地退还国家	效益目标
在承包经营权的基础上建立永佃权	通过无限延长现行农地承包合同期限的方式，农地承包经营权直接改造成为永佃权	将原农地承包经营权合同改发为国有土地使用权证书，由佃户支付地租，在租佃的土地上耕作、畜牧、养殖。若调整租佃地，可借鉴现行《土地管理法》“必须经村民会议三分之二以上成员或者三分之二以上村民代表的同意，并报乡(镇) 人民政府和县级人民政府批准”的相关规定进行	效益目标
采用家庭农场经营	农民家庭采用租赁、承包或者经营自有农地的经营形式，可创办独立经营家庭农场、股份合作制家庭农场、公司制家庭农场	1. 家庭农场可以由个人、家庭所有和经营，或由联合体、公司所有和经营。可在自有土地上经营，也可以租入的部分或全部土地经营。农场主和家庭成员直接参加生产，不排斥雇佣劳动，为放弃农地经营的农民提供生产岗位；2. 以家庭实际经营能力定农地规模，实行农业标准化生产、农机化作业、实施测土配方施肥技术，建立农业生产档案，签订统一流转土地合同文本；3. 不愿从事农业生产的农户将租佃田以转包、租赁或入股的形式交给农场主经营，可获得收入；4. 强化农地流转的规范化管理，建立农地流转市场、农地流转价格形成机制和纠纷调处机制	效益目标

续表

制度安排	创新内容	实施途径	目标
代内和代际相结合的方式实现公平	全面地核算农地产权价格，建立代际补偿基金；改革农地产权价格；代际补偿基金制度安排是：当代人和后代人都享有农地代际补偿基金的均等补偿	1. 明确当代人失去农地资源所需补偿价值，测算出农地产权转移后农民城市化所需要的成本，以上两项从代际补偿基金中支出。均等分配剩余补偿基金，用于代内与代际发展之用；2. 国家投入资金作为农地代际发展基金；3. 加强代际公平法制建设	公平目标

三、模式的可行性及积极意义

（一）从集体所有权到国家所有权——所有权的明晰化

1. 农地产权国家所有是我国经济社会发展水平提高的必然选择与趋势

在农地产权制度创新的近期阶段，由于农村生产力发展水平、人地比例关系、非农产业的发展状况以及农民思想观念的限制，实行农地产权国家所有制如同拔高生产关系一样，会阻碍农村生产力的发展。在经济社会经过较长时间的发展之后，无论是农村生产力的发展水平，还是农民的思想观念以及人地比例关系都具备了实行农地产权国家所有的条件。首先，经过近50年的发展，我国农业生产力发展水平至少接近或达到目前发达国家的水平是可能实现的，这可从我国改革开放30余年来的发展速度进行相应的推测。同时，我国经济发展战略规划出国家经济发展水平到21世纪中期与中等发达国家水平持平，从中可以推断我国农业生产力发展水平经过近40年的发展也必将同步。其次，我国工业化、城镇化水平经过迅猛发展，其发展水平可望达到经济中等发达国家的程度。当今经济发达国家的农业劳动人口占总劳动人口的比重皆在10%之下。1980年，德国和法国农业劳动力比重分别为5.8%和5.5%。1989年，日本、美国和英国农业劳动力比重分别为6.8%、2.4%和2.0%。根据相关预计，到本世纪30年代前后，我国总人口将会出现零增长甚至负增长。由此推断，到21世纪中叶，我国农村劳动力占总劳动力的比重将大为下降。届时，农村劳动力的就业形势将会趋于好转，人地比例关系紧张的局面将得以改善。再次，经过近40年的发展，大部分农村劳动力甚至绝大部分已经转移到非农产业，从事农业生产的劳动力和农户与目前相比将大为减少，同时伴随现代科技的进步，土地管理的方法与手段必定更为先进，管理效率得以大幅提升。因此，作为产权主体的国家完全有能力取代集体经济组织，对农地实施较低管理成本，富有效率的管理。

2. 从农地所有权主体——集体经济组织实际行使的职能看，集体所有制没有继续存在的必要性

首先，在1978年农村经济体制改革前，农地产权主体的职能基本是由国家行使的，集体所有权主体变成了使用权主体，甚至仅仅相当于国家雇佣来的农地经营者。正如杨重光（1996）所说："在人民公社体制下，农村土地实际上无异于国有土地，真正

能掌握和运用土地的是政社合一的人民公社，社员完全失去了对土地的所有权和独立的使用权，社员与人民公社的关系类似于职工和国营企业之间的关系。”农村经济体制改革后，虽然作为农地所有权主体的集体经济组织的职能有所加强，但仍未完全掌握农地的使用、处分和收益权，农地产权运行的重要决策权仍然掌握在国家手中。另一方面，农民家庭通过承包制获得农地使用权主体的地位后，进一步弱化了集体所有权主体的职能，农地的无偿承包或抵偿承包使农地所有权在经济上未能得到实现，集体经济组织一般无权收回承包期限未到期的农地，农地由谁来承包或使用也不是集体经济组织有权决定的。而按照法律规定，财产的所有者可以对自己的财产行使完全的处分权和收益权。由此可见，集体经济组织从来也不是真正法律意义上的农地所有权主体。其次，作为农地所有权主体的集体经济组织在农地产权运行中所发挥的作用是非经济化的，具体表现在以下几个方面：一是土地所有权主体是经济概念，但农地所有权主体从来不是一个经济组织，而是一个行政部门或行政部门的派出机构。也就是说，集体经济组织一方面代表着行政部门的利益，另一方面又代表着社区内广大农民的利益，这样就导致了农地产权运行的非经济化。大量的调查表明，地方政府要求加强对农地统一的力量，其主要目的在于满足国家职能的完成。二是农地所有权主体的代表在行使其产权主体时的一个重要目标，就是尽可能多地参与农地收益权的分割。目前在实行家庭承包责任制的同时，全国农村绝大部分乡镇、村，甚至村民小组都掌握着一定数量的未分配到户的农地，其目的主要在于解决乡镇、村、组干部的工资、补贴、福利、招待费用。孙自铎（1996）在论及集体经济组织的作用时曾经指出："现存的土地集体所有，对农业家庭经营、对农民利益起不到保护作用。土地集体所有的虚置使集体经济被异化，并处在与农民相对立的尴尬地位。他们拿农民的钱为国家办事，平白无故地要从土地上收取一笔费用用于农村社会管理支出，还名曰是集体经营的提留。从农业经营上看，以土地为纽带的集体经济组织的存在是压在农民心中的一块重石，农民时刻担心家庭经营权被剥夺。大量事实表明，集体组织对农地保护最不得力，大量非法用于非农化，私自出卖土地等。因此，集体土地所有制在经济上并无实质意义。如果说有什么用的话，在农区中仅仅是利用土地收费在财力上支撑集体组织的存在，以便让集体组织承担社会行政职能而已。"这段话尽管忽视了一些地方依靠集体经济组织实现农业现代化和经济腾飞的成功范例，但不能不让我们对绝大部分集体经济组织实际发挥的作用进行深思。

3. 实行农地国家所有制可以提升农地所有权和使用权的分离度，并可对农地产权进行清晰界定

首先，农地产权的权利与权能从集中向分离分散的发展转化是世界农地产权制度演化的基本趋势，同时也是提升农地经营效率的有效途径。在农地产权制度创新近期模式中的集体所有制条件下，承租方同时拥有农地所有者和经营者的身份，其双重身份使得农地的所有权与使用权在使用者这一产权层次上很难彻底分离。此外，在集体所有制下，农户以使用者的身份出现，集体以所有者的身份出现，他们之间的关系应为契约关系，但在实际上，集体与农户之间毕竟存在着上级与下级的关系，这种上下级的关系必然会在承租经营过程中有所反映，作为上级的集体给作为下级的农户下达任务，在绝大部分基层干部和部分农民心目中

被看作是理所当然的事情，作为下级的农户也就不得不服从集体的安排，其使用权或经营权权能并不充分。其次，处于市场经济条件之中，农地产权清晰度与交易费用呈负相关，对产权进行清晰化的界定是产权制度的关键核心问题，但是基于农地产权集体所有的制度前提下，并不能达到对产权进行合理与明确界定的目标。由于经济当事人处于集体所有的制度条件下，其间的关系纷繁复杂，既有个体与集体的关系，也有使用者与所有者的关系，又有上级与下级的关系，因此进行明确的产权界定存在诸多困难，最为关键的因素是产权界定的成本巨大。从这个意义上讲，现实生活中农地集体所有制条件下经济当事人之间的相互侵权固然与产权界定不清晰有关，但产权之所以界定不清晰，其根源就在于产权界定的成本太高。国有制是全民享有的产权制度安排，由于国有产权所具有的正外部效应，使它在政府提供公共物品和纠正市场失灵方面发挥着巨大的作用，农地产权集体所有制产权界定模糊、权属关系不清、产权运转成本偏高、产出效率偏低的制度缺陷能够得以规避。所以，实行农地国家所有制是提高农地所有权和使用权分离程度，界定农地产权的必要手段与措施。

（二）从承包经营权到农民永佃权——农地产权物权化、公平化

基于前文之分析，笔者主张以永佃权代替承包经营权，重构我国的远期农地产权制度，原因有四点：

1. 建立永佃权有坚实深厚的现实基础。首先，永佃权的主体是土地所有人，使用人为租佃耕作人，而现阶段我国实行的产权集体所有，农民家庭承包经营的制度主体和使用人与永佃制有着如下相似：农地所有人是集体或者国家，农民是农地的使用

人。其次，永佃权与土地承包经营权的客体均为农地。再次，永佃权的内容是租佃，土地承包经营权的内容是承包经营，两者虽有差异，但在内容实质方面却具有相似性。例如，租佃与承包经营均是使用他人土地进行农业生产并取得相应收益，均向土地所有人交纳租金或承包费，均允许以转佃、转包的方式进行使用权的转让。也即是说，永佃权人和土地承包经营权人对标的物都享受使用权、收益权和不完全处置权，而土地所有人仅拥有部分收益权和处置权。由上述分析可知，永佃权与土地承包经营权有着诸多相似，使产权关系存在弊端的土地承包经营权转化成为永佃权，就具有可行性与必然性。同时，以承包经营权为基础而进行相关改造的永佃权，具有制度创新成本低的优势，可节省大量的制度创新成本。

2. 有利于建立真正意义上的合作经济组织。众所周知，竞争一直被公认是市场经济发展的推动力，但合作同样是推动市场经济发展的不可或缺的重要力量。在市场经济条件下，竞争和合作密不可分，相互依存，不可分割。作为市场经济主体的农民家庭同时存在着竞争和合作关系，依据国际惯例，其合作的基本途径可通过互利自愿的原则组建合作社或者合作经济组织。长期以来，我们一直把我国传统的集体经济等同于合作经济或合作社经济。实际上，集体经济并不是合作经济，因为合作经济建立的最基本原则是自愿互利的原则，而集体经济是在非自愿互利的基础上建立起来的，是独立于农民意志之外存在的，农民对自己属于（或参加）哪个“集体”没有选择权，农民对“集体”的归属关系是由户口决定的，基于我国现行的户籍管理制度，农民的户口迁移不能够自由进行。因此，农民将终身依附于自己所归属的集体经济组织。永佃制实行之后，集体经济组织将不予存在，农民家庭可遵循互利自愿的原则组建具有充分权利的经济合作组织，并借助经济合作组织使自身的合法权益得以保护，让农民的社会地位得以提高，使农民生产的农产品更具市场竞争能力，更好地参与市场竞争，并使长期存在的“小农户与大市场”的矛盾得以有效解决。

3. 有利于农地产权关系的清晰，保护土地经营使用权利，降低农地产权交易成本。实行永佃制后，国家出台农地租佃的相关法律，将作为产权主体的国家与作为产权租赁方的农民之间存在的农地权利、义务与责任作出具体而明确的规定，农民租赁使用国有土地，依法向国家交纳租税，只要不违反国家相关的租佃法律，其无限期的农地经营权及相应的收益权不得遭受任何侵犯；同时，法律规定农民必须遵守土地利用总体规划确定的土地用途，不得对农地用途擅自改变，不能有毁坏耕地、撂荒农地的行为，否则，国家将依法惩处。因此，作为农地所有者的国家与作为农地承租者的农民家庭之间的产权关系是明晰的，这就从根本上杜绝了集体所有制下由于农民的双重身份所导致的产权关系不明，使集体经济组织凭借其所有者代表的身份和行政权力随意侵犯农民家庭的自主经营权以及土地发包、出租中的以权谋私现象。

4. 以永佃制的方式明确农地产权可为农地代际公平的实现奠定基础。首先，永佃权的产权性质既明确了农地的所有权永久归属于国家，又明确了农地的使用权可以永续地为农民使用，因此，以永佃制的产权安排方式可以较好地明确农地产权。由此，政府对农地的管理功能相应弱化，农民自己对自身拥有农地的保护得以强化，从而自下至上形成农地的保护机能以及农民对农地生态环境投资的重视，这为农地的代际永续利用创造了良好的生态基础条件，从而有利于农地代际公平的顺利实施。其次，永佃制的实施也必然会带来农地使用与流转的活跃，由于近期农地产权制度安排中的家庭承包经营制度所释放的产权效益已接近于最大化水平，单纯地依赖农地承包经营产权制度小规模的激励机制于农业产业化背景之下欠缺有效性。伴随第一产业生产力水平的提高、农业产业结构地不断调整以及农村劳动力向第二、三产业的转移，农地的流转规模必然会不断地扩大，农地规模化生产与经营成为历史的必然，由此可打破现行我国农地产权制度安排下农地细碎化经营和小农经营的局面，可实现第一产业生产要素的合理流动，促进了农地资源的优化配置并形成农地的规模经营，并可加快第一产业的结构调整与产业化经营，推动了第一产余劳动力转移和城市化进程，农地的生产效率得以提高，农民财富水平增加，可实现农村经济的全面发展。永佃制对第一产业的发展以及农民财富积累作用将十分显著，而代际公平的实现必须依赖于上代人财富的一定数量的累积与集聚，通过永佃制下的农地代际财富的积累可为农地代际公平的实现创造丰富与充足的物质条件。因此，永佃制可为农地代际公平的实现提供坚实的物质基础。最后，经过近期模式中农地产权制度的长时间运行，农业生产力水平的发展，农业企业家会应运而生，他们可以农地为基础实行规模经营，重点实施农业产业化生产，而农业产业化生产才是农民提高农产品价值，形成财富积累的途径。以上因素均为实现永佃制后的促进代际公平实现的重要因素。永佃制是农地利用系统有意识地、自觉地走代际公平利用的有力的制度保证，可创

图 4-7 永佃制与农地代际公平的作用机制图

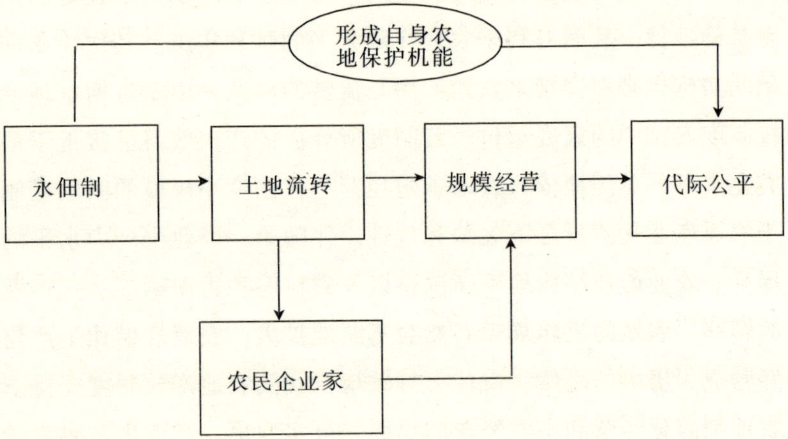

造出促进农地代际公平的实现机制。其实现机制可通过图 4-7 清晰表示。

（三）从农户单独经营到家庭农场经营——规模化

现代农业产权经营组织需要以市场为导向发展商品化农业，彻底从单家独户的、分散的自给自足的传统农业体系中走出来，融入全球化的现代农业市场竞争中，家庭农场正是发展现代农业生产所进行的农地产权制度创新下的产物。

家庭农场是具有规模经营和产业多元化的具有民事能力的法人组织，其优越性有三点：

1. 具有明晰的产权主体，产权的界区清楚，产权主体能承担民事责任。家庭农场是在市场化、农业机械化、社会服务水平不断提升的背景下，探索更合理的现代农地经营主体的新尝试。一家一户分散的单独经营，不利于农民离开土地从事二、三产业，不利于合理使用农业机械和农田水利基本建设，阻碍了农业科技的推广与普及，限制了外部资金、物资和服务的进入。因此，农业生产要实现集约化、机械化、市场化、现代化，家庭农场是合理的选择。

2. 使用权的权能可分离也可合并，可以脱离国家所有权而转让、租赁，在转让、租赁的有效期内不受所有者的调整和干预。家庭农场可以作为一个企业，由个人、家庭所有和经营，或由联合体、公司所有和经营。家庭农场延续了家庭联产承包责任制以农户为基本单位的特征，具有科技含量高、竞争力强、产权明晰、便于管理的优点。一部分农户还可主动将租佃农地以转包、租赁或入股的形式交给农场主经营，既可获得一份稳定的经济收入，又可放心地从事二、三产业或外出务工。

3. 农场产权主体按照市场需求来确定和开展生产经营，而不必按政府或其他人的意志经营。家庭农场的规模经营，为不能长时间外出务工的农村劳动力提供短期就业岗位，因此，家庭农场在一定程度上能使土地成为农民面向市场的一种资本，既能增加收入，又能参与市场竞争，农地不再仅仅是自身生活保障的工具。

（四）从代内公平为主到代际公平和代内公平结合——均衡化

农地利用中的代内和代际公平问题相互联系、相互促进，呈现辩证的统一关系。对于人类自身的持续发展而言，二者都不可或缺，它们是公平矛盾统一体的两个方面。伴随着社会、经济的发展，以及近期农地产权制度创新中以“代内公平为主，代际为辅”的代内公平问题的着力解决，代际公平问题就成为制度安排中需要着重考虑与实施的问题。基于农地资源公平利用的角度观察，人类的代际公平发展较之代内公平在时间意义上需要优先考虑，着重发展。同时，代际公平问题是有关可持续发展思想的核心价值与精髓。蒂坦柏格强调了代际公平对农地资源分配与享用的重要性，它确保了资源的代际福利可以满足当代人与后代人之间的均衡需求。伴随农地资源代内公平的逐步实现，代内公平问题成为了矛盾的次要方面，代际公平成为矛盾的主要方面。代内公平为代际公平的顺利实施积累了坚实的物质条件以及良性循环的生态基础，同时也提供了完善的农地产权制度条件，代际公平便具备了其实现的前提与基础。所以，在农地产权创新的远期模式中，我们把代际公平问题也放在了重要位置，提出代际与代内公平问题均衡发展的制度安排。

第四节　近期与远期模式制度安排的特征

土地可持续利用视角下的农地产权制度安排，伴随生产力发展水平而呈现阶段性的特征。

可持续利用目标下的农地产权制度创新伴随着农村生产力发展水平而实现。因为随着科技的进步、劳动者素质的提高、先进生产工具的应用等因素的影响，创新呈现出明显的阶段发展性，在每一阶段内生产力水平保持相对稳定性，但在不同阶段则有明显的差异性。生产力水平的差异在一定程度上影响到农地产权的所有权归属、经营规模以及代内公平与代际公平的均衡问题。一般来说，低水平的生产力总是与权属的私有及集体所有相联系，低水平的生产力也与小规模的农地经营相对应，低水平的生产力也与代内公平的实现为主要诉求；而高水平的生产力总是与权属的国家所有相联系，高水平的生产力与大规模的农地经营相对应，高水平的生产力也与代际公平的实现为主要诉求。因此，农地产权制度安排随着生产力的发展水平而呈现阶段性的推进过程，伴随农村生产力发展水平而逐步实现。

关于农地产权制度创新模式的阶段性演进方向，可通过图4-8直观地表示。

通过图4-8示意，我们可以看出：从效益维度观察，所有权呈现出从集体所有到国家所有的创新轨迹，经营权呈现出从私营到共营的趋势；从公平维度观察，产权制度创新呈现出从代内公平向代际公平发展的趋势，所有创新皆伴随生产力发展水平而逐步实现。

图4-8　农地产权制度创新趋势图

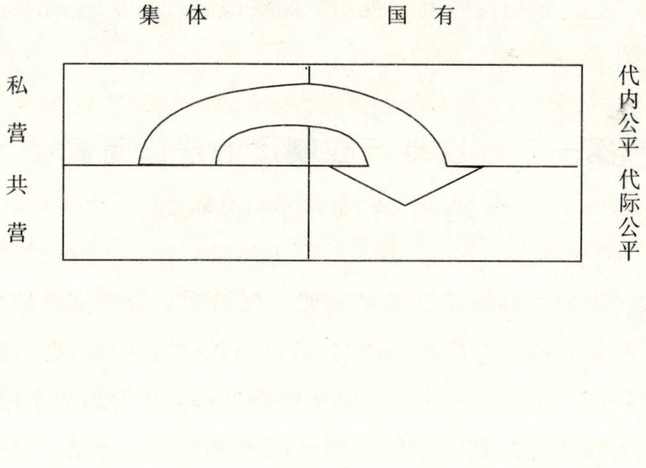

第五章　土地可持续利用视角下的农地产权制度创新的实现路径

本章着重从理论方面阐述农地产权创新目标模式的实现路径。关于具体路径的选择，需要沿着农地产权制度法律的完善、农地产权交易市场机制的建立、农地产权的统一登记、农地产权价格形成等几个维度来推进。其中，农地产权制度法律的完善、农地产权的统一登记、农地产权交易市场机制的建立是以土地可持续利用理论为核心的农地产权制度创新的基础与前提，具有十分重要的研究意义，而有关三者的研究甚多，因而不再着重论述。本章将对农地产权价格核算着力研究，因其兼具基础性和可操作性，是土地可持续利用视角下的农地产权制度创新的实现工具和重要途径。

第一节　农地产权制度的法律完善：土地可持续利用的保障

农村土地产权法律制度是农地产权制度安排的依据和基础，安全而有保障的农地产权法律制度可促进农地产权制度安排与法律制度环境的融合，是实现土地可持续利用的重要法律手段与支持，缺乏法律保障和约束的农地产权制度既不可能稳定、规范，也不可能富有效率，通过农村土地产权法律制度的建设与实施，达到土地可持续利用的目的。有关我国农地产权法律制度主要涉及土地所有权、土地承包经营权、土地的私权与公共利益的关系、耕地保护、土地的征收、征用补偿等重大问题。

目前,我国已经颁布《宪法》《物权法》《土地管理法》和《农村土地承包法》以及其他相关法律法规，基本形成了较为完备的农地产权法律框架体系。2004 年《宪法修正案》确定的土地科学利用的理念以及党的十七届三中全会确定的加快与完善农村土地产权法律制度化建设的精神，可为农地产权制度有效运行提供完善的宏观环境，是实现土地可持续发展战略的重要举措。

虽然目前我国农地产权法律制度对产权的保护相当严格，但尚有一些制度需要改进与完善，如农地产权制度缺陷的解决与现行法律法规的改进息息相关，因此，需要现行农地产权法律法规的修订与完善、新的农地产权法律法规的制定、依法行政、严格管理等措施改革现行农地产权的法律制度，通过农村土地产权法律制度的不断完善与实施，促进农地资源的可持续利用。

第二节　农地产权流转机制的建立：土地可持续利用的活跃因素

党的十七届三中全会通过的《中共中央关于推进农村改革发展若干重大问题的决定》提出，允许农民以转包、出租、互换、转让、股份合作等形式流转土地承包经营权，发展多种形式的适度规模经营。上述会议精神正是加强农地产权流转机制的体现。

农地产权流转市场机制的建立有利于土地经营权的有效配置，有利于土地的规模经营，适应了现代农业产业化的要求。土地流转是土地市场化趋势的现实表现，其实质是市场在农地资源配置过程中逐渐发挥基础性的调节作用，旨在提高配置效率。农地作为农民最为基本的生产资料和基本的生活保障，被农民视为生存根本。而低效、分散化的土地耕作直接影响了土地的产出，继而决定这些依靠农地生活的农民实际收入的高低。通过农地产权流转市场机制的建立，可缓解人地紧张的关系，推动农村经济发展，增加农民收入，缩小城乡差距，可促进土地可持续利用中经济效益的增长，是土地可持续利用的积极因素。

当前我国农村经济结构总体仍然不够合理，产业化市场化程度低，产业结构单一，第二、三产业发展缓慢，农业基础薄弱，直接制约土地流转机制的完善。为了建立与完善农地产权流转机制，需要转变政府角色、强化服务功能；强化法律支持，提供流转规范；创新流转机制、优化资源配置；培育土地市场，建设流转载体，尊重主体意愿，维护农民权益等措施加强现行农村土地流转市场的建立与完善，从而保证土地资源的可持续利用。

第三节　农地产权登记：土地可持续利用的必要凭证

农地产权登记主要通过微观和宏观两个层面对土地可持续利用造成影响。微观层面采用土地产权登记和确认的方式对农地产权的安全性进行保障，以此规避经营农地的风险。宏观层面主要通过土地产权登记的手段增加了土地信息的现时、充分与完整性，从而提高土地利用规划以及用途管制等政府行为的宏观调控效率，可为土地可持续利用的决策及实施提供宏观支持与保障。

从我国农地产权登记的制度进程观察，其产权登记是出于对不动产进行部门行政管理的目的，由此导致了登记行为不能达到物权公示并提供农地产权法律基础的目的。因此，现行农地产权登记的制度效率低下，存在着下列问题：1. 农地产权登记的机构不统一；2. 农地登记的产权保护功能低下；3. 农地产权登记的激励效用不足。

为了解决上述农地产权登记制度中存在的问题，发挥农地产权登记对土地可持续利用的作用，可以通过统一的部门尽快地对农地产权的进行全面登记。在对土地承包经营权进行物权化的过程中逐渐放松对农地产权用于抵押的融资约束与限制，以此培育农地产权与金融市场，增进农民保护农地的积极性，提高土地的资源配置效率，实现农地可持续利用的目标。

第四节　农地产权价格形成：土地可持续利用的工具

土地可持续利用视角下的农地产权制度创新是市场主体活动的结果，市场主体的活动主要通过交易方式进行，而要进行交易必须借助交易价格，利用价格杠杆对不同的利益主体进行调节。因此，研究农地产权制度必须要深入研究创新利益调节与分配的工具——产权价格，以此实现土地可持续利用理论下的农地产权制度创新。

一、现行农地价格存在的主要问题

根据中华人民共和国国土资源部 2003 年 4 月 8 日发布的

《农用地定级规程》（TD/T1006-2003），农用地估价采用农用地经济价值与农用地社会价值相叠加的方式核算。关于农用地的经济价值，马克思清楚地阐述了土地经济价值理论的实质——“土地价格无非是出租土地的资本化的收入”，即土地价格=地租/利率，并在此基础上发展了收益还原法，成为国际公认并采用的地价评估方法之一。土地估价始于农地，收益还原法是农地估价中采用的最主要的方法，通过估价模型设计、经济参数测算、还原利率选择，可以核算出土地的经济价值。有关于农用地的社会价值，估价规程中要求核算农地保险费用和再就业培训费用。

根据上述农地价值评估工作的现状，从土地可持续利用的视角下审视现行农地价值评估，存在以下问题：

（一）忽略农地的生态功能

土地资源是人类赖以生存的根基，是一种稀缺的不可替代的自然资源，同时也是地球陆地生态系统的载体。土地生态系统除了给人类提供丰富的物质产品外，还以其巨大的生物多样性为人类提供种类繁多的非实物型生态服务，因而土地生态服务功能有巨大的经济价值。而现行农地价值评估中却对农地的生态功能完全忽略，农地价格的核算中未纳入生态价值，从而不能科学全面地揭示农地作为重要自然资源的价值，导致现行农地价格严重偏低，在低价的价格刺激下，大量农地转为非农建设用地，致使整个农地系统的功能受到影响，剩余农用地经济产出功能大大降低，系统平衡将受到威胁。因此，为了给土地价值核算体系的建立提供基础资料，需要对农地的生态功能价值进行充分地核算，并纳入农地价格体系，为土地的可持续利用提供科学依据。

（二）忽略农地的代际补偿因素

现行农地补偿价格中只考虑当代人的价值，农地作为财产权所具有的代际继承性在农地产权价格核算中不能得以体现，农地征占的代际成本被转嫁给了当代农民，农地的代际补偿得不到合理体现，其直接表现是农地价格偏低，在农地低价的利益刺激下，最终导致了农地面积的大量减少。

（三）农地整体价格偏低

我国农产品价格偏低，农用地单位面积收益不高，农地价格采用被征用前产值倍数法的计算方式，该方式计算出的土地价格严重偏低，即便采用农地估价规程中的经济价值叠加社会保障价值的方法，也缺乏农地价值的完全、充分地核算。如上所述，对极其重要的农地生态价值未纳入基础的价格核算体系，同样，对代际补偿因素也未进行考虑，导致了现行我国农地价格严重偏低。近年来，我国实行了世界上最严格的耕地保护制度，但每年耕地依然以几百万亩的数量减少，这与农地价格核算偏低是直接相关的。

二、土地可持续利用视角下的农地价值构成

俞奉庆、蔡运龙（1994）认为，土地资源的价值包括物质价值和精神价值。针对农地资源而言，它同时具备物质价值和精神价值，其物质价值包括农地经济价值、生态价值和社会价值。精神价值包括认识价值、道德价值和审美价值。

（一）农地的物质价值

1. 农地的经济价值

农地的经济价值是指对农地资源投入相应的生产资料及劳动

量之后，人类能够得到农产品的价值或者农地资源所产生的经济效益。

2. 农地的生态价值

农地的生态价值是指农用地以及依附于农用地的生态系统所产生的生态价值，具体包括供水蓄水、固定 CO_2 和释放 O_2 价值、调节气候、水土保持、干扰调节、土壤形成与养分循环、废物处理、生物多样性维持等方面的价值。

3. 农地的社会价值

农地的社会价值是指农用地所产生的直接物质价值转化形成具有社会功能的间接价值。在目前我国生产力水平还不发达的情况下，农用地为农民的“衣食之源、生存之本”的基础地位不可动摇，农用地所具有的养育、承载、积蓄、资产增值、信用担保功能均可以转化形成农民的基本生活保障、就业保障、养老保障、医疗保障以及生活福利等具体社会价值形式。

（二）农地的精神价值

1. 农地的认识价值

农地的认识价值是指人类采用实践总结和科学研究的方式所获得的关于农用地的全面理解与认识，包括农地自身性能以及生产利用方式等。对农用地认识的获得，本身就是一种精神享受，也即基于认识价值的享受价值。通过对农用地的认识，可以更好地指导农地的利用，同时拥有了基于农地认识价值的生产价值。

2. 农地的道德价值

农地的道德价值是指关于道德的教育与启示。农地所产生的作用与价值，我们可以举例说明：把农用地比喻成伟大母亲为人类作出了巨大无私的贡献等等说法，这些道德教育与启示其本身就形成了道德价值的享受价值，并且由于精神具有强大的能动功能，从而可以对生产活动进行直接的指导，同时又拥有了基于农地道德价值的生产价值。

3. 农地的审美价值

农地自身所形成具有美学价值的自然与人文综合景观，为人类提供审美价值与享受，也即基于审美价值的享受价值。农地的享受价值能够直接形成生产价值。比如，农地的自然与人文景观是乡村旅游的资源基础，可以产生直接收益。

（三）土地可持续利用视角下的农地价值

根据上述的农地价值构成，我们可以看出：农地利用实践中所说的农地价值仅仅包括农地价值构成的一部分，也即具体指具有直接市场价值的经济价值。农用地的其他价值并没有完全纳入农地价值的核算体系，同时与非农用途的土地价值相比较，农地的经济价值明显偏低。以上关于农地价值的论述可以解释目前农地大量锐减的原因。在我国农地利用的实践与理论研究中，由于传统经济学关于土地价值组成只考虑单纯或者狭义的经济价值，忽略了农地的生态服务功能、社会保障与稳定功能、代际公平等土地可持续利用的因素（有关农地现行价格中存在的问题已经做过具体分析）。由此，土地利用过程中的供给方仅仅关注农用地的经济价值，但基于社会角度考虑，单纯的农地经济价值核算意味着农地在产权转移过程中带来了社会福利的巨大损失以及农地的不可持续利用现状。农用地作为人类的生存基础和重要的生产要素，其利用必然会产生经济、社会和生态效益，而基于市场机制中的利益相关者仅仅对经济效益加以关注，社会与生态效益相对于市场成为外部效益，这种外部效益必然不能体现于农地的利用者与保护者，由此导致农地可持续利用效益较低。处于如此背景下的农地市场，农地必然以不可持续的方式进行利用与开发，其直接表现就是农地被不断占用。众所周知，农地过度转为他用的代价是当代人粮食安全保障的损失。环境的过度破坏以及后代人生存根基和衣食之源的丧失。上述代价相对于当今的市场机制是典型的外部成本，当代人可以不负任何责任。

因此，当今的农地价值评估必须突破只核算经济价值的模式，理清其价值构成，对其价值内涵进行全面分析，重新构建农地产权价值的评价标准体系，充分认识农地的社会、生态价值以及代际价值，把农地所产生的社会、生态效益以及代际公平效益完全纳入农地的价值组成，让农地的利用与保护者有所收益。同时，要充分重视建立农地的补偿工具与机制，把农地损失造成的社会、生态以及对后代的损失成本纳入产权成本，构建农地全面的产权价格核算体系，使农地占用者付出足够的代价，充分发挥农地的价值核算对土地可持续利用的价格工具作用。

三、土地可持续利用视角下的农地产权价格的核算方法

笔者结合土地可持续利用理论，在人与自然、人与人之间的关系双重和谐的前提下，以经济、生态、社会三者协调发展的原则为指导，构建由农地的经济价值、社会价值和生态价值组成的三维度价值，并纳入代际公平因素，以此形成土地可持续利用视角下的农地产权价格。有关农地产权价格的构成可由图 5-1 表示：

图 5-1 农地产权价格构成

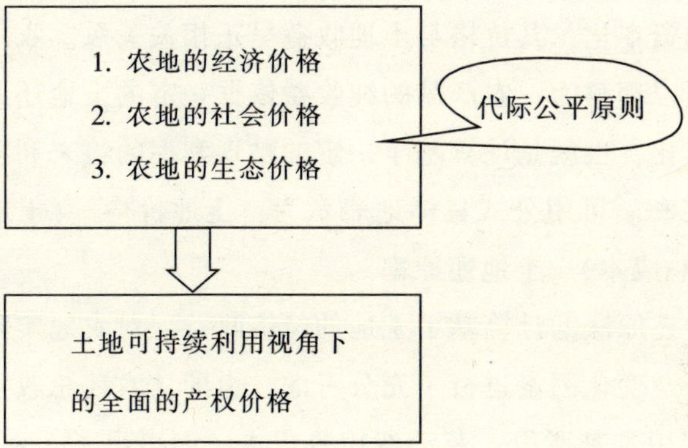

(一) 农地经济价格核算

农地的经济价格是农用地基于自然和技术条件，由农业生产行为直接得到的经济效益的体现，由此说明了农用地具有基本的生产功能。农地的经济价值对应于农地的自然质量价值，其自然质量价格也是现行我国农地估价实践中最常用的农地评估价格。关于农用地经济价值评估的常用方法有收益还原法、成本逼近法、基准地价修正法、市场比较法、标准田块法等，可以根据评估日的及资料数据收集的差异而选择运用不同的评估方法。当前农用地市场仍在培育之中，体制不健全，交易案例相当缺乏，因此采用市场比较法不太可行。关于成本逼近法只能对价格组成的成本项目进行考虑，对于市场供求等作用因素很难测算，忽略了农地市场的实际情况。关于农地的投入产出数据与资料较易取得，因此，农地经济价格评估通常选择收益还原法。下面针对收益还原法进行相关介绍。

收益还原法主要对具有现实收益的各种物业价格进行评估，其理论基础是收益价格理论，收益价格理论认为土地价格等于土地收益的资本化，其价格与土地收益呈正相关关系。农用地的价格可以可以理解为：农产品的纯收益依据一定的土地还原利率进行的资本化，也就是计算基于一定的贴现利率的将来利益的农地贴现值之和。可用公式具体地表示为：土地价格=（土地年总收益-土地总成本）/土地还原率。

收益还原法的计算基于土地的经济收益，对农地实际收益的分配份额及变化因素进行了充分考虑，也即从农地总收益中剔除了物质费用及其所得、劳动费用等成本，剥离出了土地纯收益，因而可以比较客观地体现出农地平均生产力以及农地收益水平的真实状况。还原利率作为我国市场经济的宏观调节手段，可以对其他类型土地吸引农地的能力进行明确反映。常用的农地收益价格只针对每年相对稳定的农地生产性纯收益和合理可行的土地还原利率进行考虑，对于其他影响因素很少或者不纳入评估。农用地与城市用地相比较，影响因素较少，变化较小，因此，对其价格的评估更适宜采用收益还原法。由于我国农地的利用水平、耕种条件存在较大差异，由此而产生的经营效益水平不尽相同，农地负收益的情况也时有出现，如果运用农地真实的产出收益会出现地价失准的现象，由此造成不同地块的地价水平不能公平地得以反映的后果。所以，关于农地价格评估应该基于农地的最佳资源配置状态并致力于资源的整体优化配置，也即当农地处于最佳利用方向与程度的状态之下，对其理论收益进行合理地推测评估，进而测算出农地经营的合理收益。

关于运用收益还原法对农地的经济价值进行评估的步骤如下：

1. 资料数据的收集与整理

耕地基准地价评估主要收集农用地样点投入产出资料、土地还原利率等资料。

2. 耕地样点地价的评估

耕地样点净收益的计算，利用公式（5–1）计算：

$$J=S-F \cdots\cdots\cdots\cdots\cdots\cdots (5\text{–}1)$$

式中，J 表示耕地年净收益，S 表示年总收益，F 表示年总费用。

公式（5–1）中的年总收益 S 的计算采用公式（5–2）：

$$S=\overline{X}\times V+\overline{Y}\times U \cdots\cdots\cdots\cdots\cdots\cdots (5\text{–}2)$$

式中，S 表示年总收益，$\overline{X}$表示主产品平均年产量，V 表示主产品价格，$\overline{Y}$指副产品平均年产量，U 指副产品价格。

公式（5–1）中关于年总费用 F 的计算采用公式（5–3）：

$$F=f_1+f_2+f_3+f_4+f_5+f_6+f_7+f_8+f_9+f_{10} \cdots\cdots\cdots\cdots\cdots\cdots (5\text{–}3)$$

式中，F 为年总费用，f_1 至 f_{10} 分别表示肥料费、农药费、种苗费、机械费、水电费、人工费、维修费、折旧费、管理费和其他费用。

基于收益还原法的土地价格计算原理，农地收益价格应对农地未来年限净收益的贴现值求和，并且按照农地预期未来收益以及还原利率的变化，选择不同的地价计算公式。农业生产是一个自然与经济协调交融的再生产过程，存在很多影响农地净收益的因素，受不确定因素影响甚大。这些影响因素导致农地的未来净收益发生相应变化。我们可以假设农地净收益遵循等差级数递增的方式，同时保持不变的土地还原利率，由此农地价格评估公式可用（5–4）表示：

$$P=\left(\frac{a}{r}+\frac{b}{r^2}\right)\left[1-\frac{n}{(1+r)^n}\right]-\frac{b}{r}\times\frac{n}{(1+r)^n} \quad \cdots\cdots\cdots (5\text{–}4)$$

式中，p 表示农用地收益价格，a 表示农用地净收益，b 表示农用地净收益每年递增的幅度，r 表示农用地还原利率，n 表示土地使用年限。

当土地使用权为无限年期的时候，地价评估的计算方法采用公式（5–5）：

$$p=\left(\frac{a}{r}+\frac{b}{r^2}\right) \quad \cdots\cdots\cdots\cdots\cdots\cdots (5\text{–}5)$$

公式（5–5）中符号含义同公式（5–4）。

基准地价的计算采用公式（5–6）：

$$p_m=\frac{\sum_{i=1}^{j} p_{mj}}{j} \quad \cdots\cdots\cdots\cdots\cdots\cdots (5\text{–}6)$$

式中，p_m 表示第 m 级别基准地价（m=1，2，3，4），p_{mj} 表示第 m 级别第 j 个样点地价，j 表示第 m 级别的样点数。

（二）农地社会价格核算

处于国家日渐发达的市场经济、日益健全的社会保障制度的发展背景之下，在农地征收征用过程中，采用国家为失地农民支付养老保险金，提供教育和再就业培训费用的评估方法达到计算农地社会保障价格的目的，因此，农地的社会保障价格可由农民的养老保险金、教育和再就业培训费用两部分共同组成，评估方法的根本出发点是保障失地农民的生存权利。具体采用国土资源部颁布实施的《农用地估价规程》(TD/T1006-2003)中农用地社会保障价值的核算方法，运用征地片区区片价格的计算方式对农用地的社会价值进行测算。其计算公式如（5-7）所示：

$$Y_J = (Y_{Jm} \times b_J + Y_{Jw} \times C_J) \times M_{JI} / M_{Jo} + C_{Je} \cdots\cdots \quad (5-7)$$

式中，Y_j 表示 J 年龄组人均社会保障价格；Y_{Jm} 表示 J 年龄组男性公民保险费趸缴金额基数，Y_{Jw} 表示 J 年龄组女性公民保险费趸缴金额基数，b_J 表示 J 年龄组男性人口占区片选取总人口的比例，C_J 表示 J 年龄组女性人口占区片选取总人口的比例，M_{JI} 表示 J 年龄组农民基本生活费（月保险费领取标准），M_{Jo} 表示 J 年龄组月保险费基数；C_{Je} 表示 J 年龄组人均教育和再就业培训等费用，Y_{jm}、Y_{jw}、M_{ji}、M_{jo}、C_{je} 按组中值周岁取值。

（三）农地生态价格核算

1. 农地生态价值功能

基于土地生态学角度观察，农地生态系统由地形、土壤、气候、空气、日光、水分、植物、动物、微生物等要素组成，具有强大的生态服务功能。处于目前对农地生态系统的认识水平，相关学者研究出了基于实例的农地生态系统服务功能的价值核算体系，将全球生态系统总体概括为 16 种生态类型，17 项生态服务功能，但各类子系统并非全都具备这些生态服务功能（李加林等，2004）。农地生态系统服务功能可以划分为直接价值和间接价值，其中直接生态价值包括物质生产价值，供水蓄水价值等。间接价值包括：固定 CO_2 与释放 O_2 价值、水土保持价值、干扰调节价值、土壤形成与养分循环价值、废物处理价值，生物多样性维持价值等。

物质生产价值。进行物质生产是农地生态系统最为基本的功能，主要直接利用各类农地的产量和产品的价格来计算，以此体现农地最为基本的物质产出功能，这也是农地生态功能最为直观的反映，通过市场交易直接体现。

供水蓄水价值。农地生态系统中的作物和田间杂草，可以截留降雨，通过农地生态系统中的植被能够拦截 1/3 的降雨量，同时由于地表植被具有减少土壤水分蒸发的功能，土壤中的水分可通过重水的形式蓄积于土层中，由此农地具有供水蓄水的功能，因而能够产生供水蓄水价值。

固定 CO_2 与释放 O_2 价值。农地生态系统通过植被的光合作用进行太阳能固定，把 CO_2 等物质转化形成有机质，产生出生物量，并释放出 O_2。农地土壤的碳储量可达全球碳储量的 8%–10%，因而农地生态系统能够产生强大的碳汇作用，其价值需要纳入农地生态系统的价值核算体系。

水土保持价值。作物可以借助其根系固定土壤以及土壤中的养分，从而使土壤中的养分得以利用，达到防止水土流失的目的，因而农地具有水土保持价值。

干扰调节价值。农地具有对环境系统被动的容纳、延迟和整合能力，反映出农地生态系统对于环境变化的反应能力，因而农地具有强大的干扰调节价值。

土壤形成与养分循环价值。农地生态系统可以进行土壤有机质的累积以及 N、P、K 等营养物质的形成过程，其蕴含的各种养分可在大气、土壤和生物间循环流动，从而产生农地生态系统的物质循环功能，因而农地具有土壤形成与养分循环价值。

废物处理价值。一方面指农地生态系统中的绿色植物具有滞尘、吸收有毒气体等净化空气的功能；另一方面，无论废物处理技术多么发达，都不可能完全实现资源化和无害化，农地生态系统作为废物处理的终端缓解是不可缺少的，其废物处理功能保证了物质在自然生态系统中的循环和防止物质的过度积累形成的污染。故农地具有废物处理价值。

生物多样性维持价值。生物多样性包括生态系统、物种和遗传的多样性。农地生态系统由农作物、农田野生杂草、土壤和动物中的微生物以及上述组成部分所形成的微观生态群落共同组成。农地的生物多样性维持功能可为农地生态系统的有序健康运作发挥重要作用，因而农地具有生物多样性维持价值。

2.生态价值核算方法

近年来，Costanza（1997）的研究使复合生态系统多功能价值评估原理和具体核算方法在科学意义上得以明确，并广泛运用于世界各国的土地生态服务价值功能的测算研究中。因此，本文将采用 Costanza 提供的土地生态价值核算方法，其计算模型如公式（5-8）所示：

$$R=\sum_{j=1}^{m}\sum_{i=1}^{n} V_{ij}A_{ij} \quad \cdots\cdots\cdots\cdots\cdots\cdots \quad (5\text{-}8)$$

式中，R 表示区域生态系统服务总价值，V_{ij} 表示第 i 类生态系统第 j 项生态系统服务功能的单位价值，A_{ij} 表示第 i 种类型的生态系统的面积。

公式（5-8）说明了农地生态价值是各类农地生态价值的综合体现，分别将各类生态价值货币化后进行加总，就可以测算出相应的农地生态价值。

（四）农地产权价格的全面核算

在理性的“经济人”占主导地位的市场机制中，代际公平显然不可能自动实现，只有政府采取强制性的手段和政策以确保资源财富在代际间公平分配，未来人才能拥有与当代人均等的发展机会，社会发展的可持续性才能实现（张勇、阮平南，2005）。当上代人消耗掉本应该属于下一代人的物质财富时，就应该采取适当的方式对下一代进行合理补偿，这样代际才能均衡发展，这里强调了采用必要的手段和措施来保证代际公平的实现。美国世界资源研究所经济学家罗伯特·佩雷拖（1990）指出，自然资源是最重要的财富，特别对于那些不可更新资源，使用一点便少一点，应该视其为生产性资产使用，进行折旧和补偿。自然资源作为不可再生资源，科学技术和资金是可以作为资源的替代物进行补偿的（黄红生，1999）。周琨（2002）提出了“代际补偿”的概念，认为当代人在消耗资源的同时必须对被消耗的资源进行补偿，并介绍了两种途径：一是建立自然资源的代际补偿基金。假设某项经济活动涉及农地资源的利用，并且可以估计出对未来造成的损失为 Y，而且该损失将在 T 年后发生，则现代人必须储蓄 X 补偿基金以补偿后代人的损失，X 在数额上应该等于 $Y/(1+I)^T$，其中 I 为贴现率。二是保持自然资源的资本存量。要保持自然资源的资本存量是一种理想状态，在现实中不具有可行性。

因此，本书主要从资源与财富代际公平的价值补偿入手，针对农地资源的代际价值补偿不足的现状，对农地的代际价值计算采用上述第一种方法，以此建立基于代际公平原则的农地价格计算模式，提供一种量化代际因素的方法。关于农地全面的产权价格的具体核算方法是：对农地的经济、社会、生态价值分别核算之后进行叠加，得到基于一代人的农地价值 X，根据上述代际补偿基金的计算公式：$X=Y/(1+I)^T$，选取一定的土地还原利率

I 和一定的代际年限 T，就可以得到代际公平原则下的农地产权价值 Y，此公式特别强调了当代人对后代人的农地资源消耗负有价值上的义务。

四、土地可持续利用视角下的农地产权价格综合测算体系的建立

理清上述农地产权价格各项价值构成以及各项测算内容与方法后，可以构建出基于土地可持续利用视角下的农地产权价格全面的综合评价标准体系，这样的测算标准体系纳入了农地的经济、社会、生态价格以及代际价格，同时也可具体显示上述构成因素的评估方法、评估指标，以及由一代人的代内产权价格到基于土地可持续利用理论的产权价格的转化过程。借助于测算体系可充分发挥农地产权制度创新的利益调节与分配的工具——产权价格的工具作用，关于土地可持续利用视角下的农地产权价格综合测算体系可通过图 5-2 具体诠释。

图 5–2　土地可持续利用视角下的农地产权价格综合测算体系

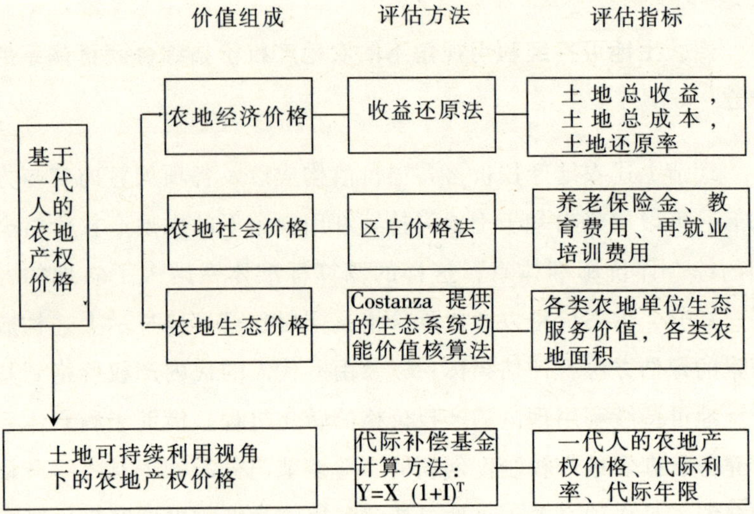

第六章 土地可持续利用视角下的农地产权制度创新的实证研究

本章是全书的实证研究部分，将围绕基于土地可持续利用理论的农地产权制度创新的两个重要问题进行实证研究。本章基于第五章中农地产权制度创新的利益调节与分配的工具——产权价格的价值组成与测算方法的理论分析，对四川省乐至县农用地的产权价格进行了核算，通过实证研究展示了土地可持续利用视角下的农地产权价格的具体核算方法与步骤，得出了乐至县农地产权价格，以期达到对农地产权制度创新价值工具的充分认识与运用的目的。农地产权转移的代际配置效率测度是衡量农地产权制度安排有效性的必要手段与途径。本章也以四川省乐至县为例，运用代际配置检验模型对乐至县 1989—2008 年农地产权转移过程中的代际配置效率进行了检验，并对未来农地产权转移的代际配置提供了参考，最后形成了合理的产权代际配置思路。

第一节 乐至县农地产权价格的评估

一、乐至县农地的经济价格测算

关于农地经济价格样点地价的评估采用收益还原法进行。

（一）资料的收集与整理

农地经济价格的基准地价评估主要收集农地样点的投入产出资料、土地还原利率等资料。本书中，对乐至县每一个行政村每个地类设定 3 个样点，分别收集水田投入产出样点 827 个，旱地投入产出样点 827 个，菜地投入产出样点 172 个，共计样点 1826 个。对每一个样点在 2002—2004 三年间的水稻、小麦的产量、物质投入、劳动用工、生产资料价格、劳动工资标准、各项管理费用、农产品市场价格进行了收集。对乐至县耕地开垦费、土地用途变更费、安置补助费等十多项规费标准进行了收集，对近 10 年来每一次银行利率的调整资料也进行了收集。

（二）农地样点地价的评估

1. 农地样点净收益的计算

根据第五章中关于农地样点净收益计算公式（5–1）到（5–3），可以逐步地计算出乐至县农地的样点净收益。

乐至县 2005 年的农地净收益以前三年农地净收益的平均值来计算，现列举乐至县部分样点的农用地农作物平均单产及平均投入，如表 6–1 所示。

2. 土地还原利率的选择

通过对土地纯收益进行还原，最后形成土地价格的过程中所选用的利率即为土地还原利率，其利率实质是资本投资过程中所产生的收益率。通常情况下，收益率的大小与投资风险的大小成正比，风险大者收益率高，反之则低。确定合适的土地还原利率，是利用收益还原法准确计算土地经济价格的关键问题之一。目前，国内确定土地还原利率的常用方法大体有以下六种：

（1）用一年期银行存款利率或多年银行存款利率平均值代替；

表 6-1　乐至县农作物平均单产及平均投入

单元编号	平均单产（公斤）					平均投入 (元)				
	1	2	3	4	5	1	2	3	4	5
513922054015	546	232	305	131	127	380	234	320	200	214
513922054013	546	232	305	131	127	380	234	320	200	214
513922054012	546	232	305	131	127	425	234	320	200	214
513922054011	546	232	305	131	127	425	234	320	200	214
513922054014	546	232	305	131	127	425	234	320	200	214
513922054043	547	233	308	130	125	397	240	300	200	183
513922054041	547	233	308	130	125	426	240	300	200	183
513922054042	547	233	308	130	125	397	240	300	200	183
513922054086	490	192	240	117	109	398	237	220	170	196
513922054081	490	192	240	117	109	398	237	220	170	196
513922054082	490	192	240	117	109	384	237	220	170	196
513922054083	490	192	240	117	109	384	237	220	170	196
513922054084	490	192	240	117	109	398	237	220	170	196

注：由于篇幅所限，只列举部分数据

（2）通过年地租与地价的比例确定；

（3）用多年银行存款利率平均值加（减或除以）物价指数求取；

（4）用当地通行的年投资利率作为还原利率；

（5）通过安全利率加上风险调整值的方法求取还原利率；

（6）实质利率，以银行一年定期存款利率为基础，用物价指数调整后，再扣除一成所得税得到的利率。

除上述六种方法外，还有其他方法。从合理性和确定的难易方面进行评价，第一种方法最简单易取，但合理性较差，因为近几年银行利率一年内会经过数次调整，而物价较为平稳，所以同一年度同一块地利用不同的利率进行地价评估差别很大，显然不太合理。第二种方法较为科学，但目前农村土地产权市场还处于孕育之中，资料收集困难；第四种方法也同样存在资料收集困难的问题，而且关于农业的投资利率的研究较少。因此，第三、第五和第六种方法是目前使用较多的方法。

乐至县农地经济价值核算采用第三种和第五种相结合的方法计算土地还原利率。公式是：土地还原利率=安全利率+风险利率。其中，安全利率在物价稳定的情况下取一年期定期存款利率，若物价不稳定，则应考虑物价指数。对于农用土地，长期来看风险利率趋于零，所以，土地还原率即为安全利率。因此，关于土地还原利率的计算公式为：安全利率=一年期存款利率–物价指数（其中一年期存款利率取多年平均值）。根据一年期存款利率和物价指数与风险利率综合分析，乐至县农用地土地还原利率为3.6%。

3. 乐至县农地样点地价评估

乐至县农地经济价值的样点地价计算根据确定的地价参数和计算公式（5–4）、(5–5)、(5–6)，利用农用土地定级估价信息系统，自动计算样点地价，计算出的乐至县农用地样点地价的部分结果如表6–2所示：

利用公式（6–1）、(6–2）可以初步计算出各土地级别的平均地价和标准差。

$$\overline{X}=\sum_{i=1}^{N}\frac{X_i}{N} \cdots\cdots\cdots\cdots\cdots\cdots \quad (6\text{–}1)$$

$$\delta=\left[\sum(X_i-\overline{X})^2/(N-1)\right]^{\frac{1}{2}} \quad \cdots\cdots\cdots\cdots\cdots\cdots \quad (6\text{–}2)$$

公式（6–1）和（6–2）中，$\overline{X}$为平均地价，X_i为样点地价，N为样点数，δ为标准差。按照 $X-2\delta \leqslant Xi \leqslant X+2\delta$ 设置取舍区间，

表 6-2 乐至县农用地样点地价测算结果表

单元编号	无限年期地价（元/亩）	30 年地价（元/亩）	单元编号	无限年期地价（元/亩）	30 年地价（元/亩）
513922054015	14100.0	6315.8	513922017085	24505.0	10976.5
513922054013	14100.0	6315.8	513922017054	24449.6	10951.7
513922054012	25401.8	11378.2	513922017052	24449.6	10951.7
513922054011	25401.8	11378.2	513922017053	24449.6	10951.7
513922054014	25401.8	11378.2	513922017051	14230.0	6374.0
513922054043	15115.0	6770.4	513922017022	21123.5	9461.8
513922054041	25190.2	11283.4	513922017021	12940.0	5796.2

剔除计算出的样点地价中的异常样点。

根据公式（6–3），可以求得所有有效样点地价的平均地价。

$$P_{la}=\frac{\sum_{i=1}^{n} P_{li}S_i}{\sum_{i=1}^{n} S_iP} \cdots\cdots\cdots\cdots \quad (6\text{–}3)$$

式中，P_{la} 表示某土地级单位面积平均地价，P_{li} 表示各样点单位面积地价，N 表示样点数，S_i 表示样点宗地面积。

（三）乐至县农地经济价值的基准地价评估

根据公式（6–4），我们可以计算每一土地级别的各类土地利用用途下的农地基准地价，在本书中，我们只计算水田和旱地的基准地价。

$$P_{la}=\sum_{i=1}^{n}\frac{P_{li}}{M}\cdots\cdots\cdots\cdots\cdots\quad(6-4)$$

式中，P_{la} 表示某土地级别内某类土地用途基准地价，P_{li} 表示该土地级别内该类土地用途样点单位地价，M 表示该土地级别内该类土地用途可利用的地价样点数。

以土地级别为单位，所计算出的水田和旱地基准地价结果如表 6-3 所示：

由表 6-3 所得出的乐至县水田、旱地的基准地价结果，基本可以反映乐至县农用地的经济价值。

二、乐至县农地的社会保障价格测算

国土资源部颁布实施的《农用地估价规程》(TD/T1006-2003)

表 6-3 乐至县水田、旱地基准地价结果 （单位：元/亩）

	一级	二级	三级	四级	五级	六级	七级	八级	九级
水田基准地价（年期30）	12778	12000.2	11744.1	10992.8	9686.6	9236.4	8299.4	7649.1	6242.9
水田基准地价（年期无限）	28526.8	26790.5	26218.7	24541.5	21625.3	20620.1	18528.3	17076.5	13937.3
旱地基准地价（年期30）	–	–	–	–	8653.2	8116.9	7848.3	6430.7	4898
旱地基准地价（年期无限）	–	–	–	–	19318.2	18121	17521.3	14356.6	10934.8

中，对社会保障价格进行测算的范围包括失地农民的基本生活保障费用以及接受教育和再就业培训的费用。在本书中，笔者采用《农用地估价规程》中农用地社会保障价值的核算方法，利用乐至县历年土地征收工作中收集的相关数据，采用征地片区区片价格的计算方式。根据乐至县农地利用实际的区位条件，把乐至县由北向南划分为三个区片。北部选取童家镇，中部选取天池镇，南部选取龙溪镇，以这三个征地片区为单位，先以各年龄组为单元测算各年龄组人均社会保障价格，最后得出人均社会保障价格和单位面积社会保障价格。

（一）各年龄组人均社会保障价格的测算

各年龄组人均社会保障价格的测算采用本书第五章中的计算公式（5–7）。以三个征地区片为单位，依据数理统计原理，在乐至县行政区域内随机选取一定数量的村或者村民小组作为测算样本，计算其不同年龄组的人均农地社会保障价格。年龄组按 0~18 周岁、18~40 周岁（男）、40~60 周岁（男）、60 周岁以上（男）及 18~35 周岁（女）、35~55 周岁（女）、55 周岁以上（女）划分。

（二）计算人均农用地社会保障价格

对采集到的样点数据均开展同一性检验，并且去除其异常值，通过加权平均法对以年龄组为单位的人均农地社会保障价格进行测算。具体的计算公式如（6 5）所示：

$$Y=\sum_{j=1}^{n} Y_jR_j/\sum_{j=1}^{n} R_j \cdots\cdots\cdots\cdots\cdots\cdots \quad (6\text{–}5)$$

式中，Y 表示人均社会保障价格，Y_j 表示 j 年龄组人均社会保障价格，R_j 表示 j 年龄组人口数，n 表示年龄组组数。

（三）计算单位面积农用地社会保障价格

根据公式（6–6），可以计算出单位面积农用地社会保障价格。

$$P\alpha=Y/A\alpha \cdots\cdots\cdots\cdots\cdots\cdots (6\text{–}6)$$

式中，Pα 表示单位面积农用地社会保障价格，Y 表示人均农用地社会保障价格，Aα 表示人均农用地面积。

（四）乐至县农地社会保障价格资料

经调查乐至县三个征地区片社会保障价格资料如表 6–4、6–5 所示：

表 6–4 乐至县男性人口征地区片社会保障价格资料

区片名	年龄组(岁)	男性趸交金额(元/人)	占总人口比例(%)	月保险基数(元/人)	月保险费领取标准(元/人)	人均教育费(元/人)	再就业培训费(元/人)	总人数(人)
天池	0~18	7600	17.31	51	120	3000	–	12363
	18~40	12000	22.07	83	120	5000	–	15767
	40~60	19800	14.23	168	120	–	2000	10162
	60 以上	25000	7.35	–	120	–	–	5253
童家	0~18	7600	13.8	51	120	3000	–	5852
	18~40	12000	22.57	83	120	5000	–	9575
	40~60	19800	3.04	168	120	–	2000	1289
	60 以上	25000	7.18	–	120	–	–	3045
龙溪	0~18	7600	17.72	51	120	3000	–	2800
	18~40	12000	17.58	83	120	5000	–	2778
	40~60	19800	12.49	168	120	–	2000	1973
	60 以上	25000	6.26	–	120	–	–	989

表 6–5　乐至县女性人口征地区片社会保障价格资料

区片名(人)	年龄组(岁)	女性趸交金额(元/人)	占总人口比例(%)	月保险基数(元/人)	月保险费领取标准(元/人)	人均教育费(元/人)	再就业培训费(元/人)	总人数
天池	0~18	10000	16.16	51	120	3000	–	11541
	18~35	15000	2.38	83	120	5000	–	1697
	35~50	24000	12.8	168	120	–	2000	9141
	50 以上	28000	7.7	–	120	–	–	5501
童家	0~18	10000	12.27	51	120	3000	–	5204
	18~35	15000	21.54	83	120	5000	–	9135
	35~50	24000	12.14	168	120	–	2000	5150
	50 以上	28000	7.47	–	120	–	–	3169
龙溪	0~18	10000	13.05	51	120	3000	–	2062
	18~35	15000	16.29	83	120	5000	–	2574
	35~50	24000	10.31	168	120	–	2000	1629
	50 以上	28000	6.29	–	120	–	–	993

（五）乐至县农用地区片社会保障价格测算结果

根据前文收集得到的乐至县三个征地区片社会保障价格资料，运用第五章关于各年龄组人均社会保障价格的测算公式（5–7），本章中关于人均农用地社会保障价格计算公式（6–5）以及单位面积农用地社会保障价格计算公式（6–6），计算出乐至县农用地征地区片社会保障价格。计算结果如表 6–6 所示：

表 6–6 乐至县农用地征地区片社会保障价格结果表

区片名	人均社会保障价格（元/人）	亩均社会保障价格（元/亩）
天池	23959.60	33892.91
童家	25582.65	29580.85
龙溪	24630.97	23469.95

三、乐至县农地的生态价格测算

（一）乐至县农地类型划分

土地利用不同类型具有各异的生态服务价值，本文中我们选取耕地、园地、林地、水域及建设用地五大农地利用类型，结合乐至县 2007 年度土地利用变更数据，其农地生态系统面积构成如表 6–7 所示。

表 6–7 乐至县农地生态系统面积构成 （单位：公顷）

类 型	耕 地	园 地	林 地	水 域	建设用地
面 积	76365.847	9419.373	18152.36	2149.453	1221.52

（二）乐至县生态系统服务功能及评估方法

土地生态服务功能受不同因素的影响，其功能价值计算方法也不尽一致，针对不同的服务功能，采用不同的计算方法。本文主要结合了乐至县农地利用实际，参考了 Costanza 等人（1997）对生态系统价值评估方法以及谢高地等人（2003）计算的我国陆地生态系统单位面积生态服务价值的现有成果，对乐至县生态服务价值进行计算。具体的计算方法如图 6–1 所示。

图 6-1　乐至县农地生态服务价值评估方法

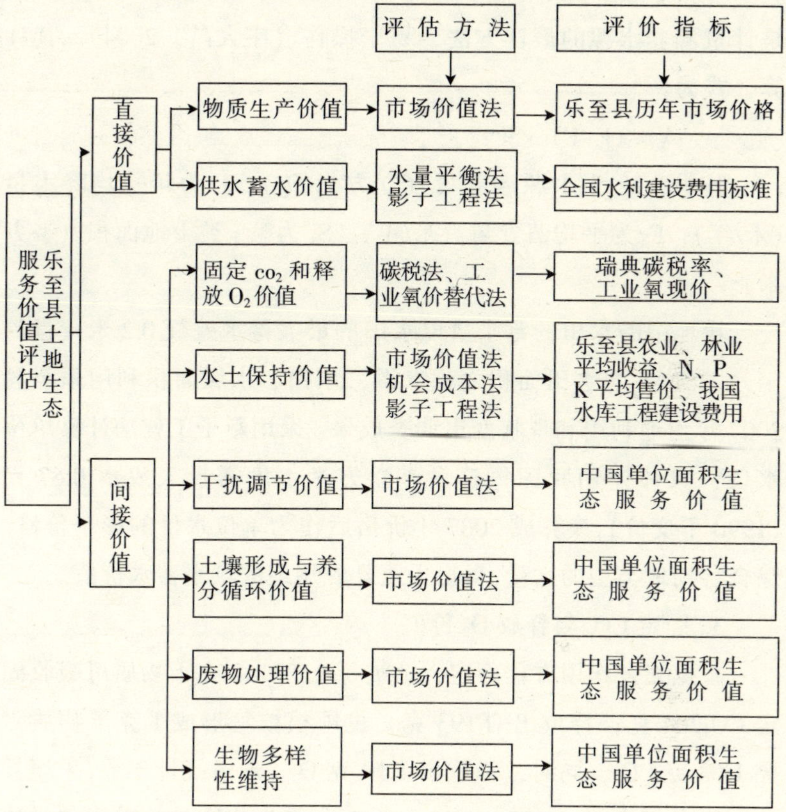

（三）各类土地生态服务功能的价值核算

1. 物质生产价值

乐至县农地生产的物质产品主要包括水稻、小麦、玉米，大豆、红苕、棉花、油菜、海椒、蔬菜、水果、鱼类等。根据乐至县 2007 年统计年鉴中的每种物质产品的年产量及产值，得出乐至县农地一年中所有物质产品的总价值。

2. 供水蓄水价值

采用水量平衡法计算供水蓄水价值，国内外实践证明此方法是计量涵养水源的最佳方法，易于操作（庄大昌，2004）。其计算公式为：

$$V=(E-F)\times Si$$

其中，V 为水源涵养量（立方米/年），E 为年平均降水量(米/年)，F 为平均蒸发量（米/年），Si 为第 i 类土地面积（平方米）。

耕地中的水田的蓄水量以水田的最大蓄水差额 0.2 米（肖笃宁等,2001）与水田面积之积求得，水田、水域面积利用乐至县 2007 年土地利用和现状变更调查成果。采用影子工程法计算单位水价，具体使用我国每建设 1 立方米水库需投入成本 0.67 元(1990 不变价),换算成 2007 年价格后作为单位水价的影子价格。综合各用地类型的水量,得出乐至县农用地的供水蓄水价值。

3. 固定 CO_2 与释放 O_2 价值

根据光合作用方程确定，植被每生产 162 克干物质可吸收固定 $CO_2$264 克，释放出 $O_2$193 克，也即植被每形成 1 克干物质需要 1.63 克 CO_2，同时，释放出 1.19 克 O_2。通过统计年鉴(乐至县 2007 年统计年鉴，2007)，获取乐至全县生物产量，采用碳税法可求得植被固定 CO_2 与释放 O_2 价值。具体计算方法如下：

（1）$VC_1=Q\times1.63\times0.2729\times1245$

（2）$VC_2=Q\times1.19\times400$

（1）式中，VC_1 为固定 CO_2 的价值（元/年），Q 为全县生物产量(吨)，0.2729 为 CO_2 中纯碳的比例（$C/CO_2=0.2729$）,1245 为瑞典的碳税率 150 美元/吨，折合成人民币 1245 元/吨。

（2）式中，VC_2 为释放 O_2 的价值（元/年），Q 为全县生物产量（吨），400 为工业氧的现价（元/吨）。

4. 水土保持价值

在估算过程中，采用市场价值法、机会成本法和影子工程法从减少土壤侵蚀、保持土壤养分流失和减少泥沙淤积三方面来计算农地的水土保持价值。参照肖寒等人（2000）的研究中对水土流失价值的计算公式，结合乐至实际，采用以下计算公式：

（1）减少土壤侵蚀价值

采用机会成本法，以公式 $V=Q_i/H_i \times P_i$ 计算。

式中，V 为土地侵蚀价值（元/年），Q_i 为第 i 类土地类型侵蚀量（立方米/年），H_i 为第 i 类土地表土层厚度（米），P_i 为第 i 类土地生产的平均收益（元/ 平方米 * 年）。乐至县地处川中丘陵地区，土地普遍具有一定的坡度，坡耕地是农地的主要利用类型，因而土壤侵蚀量以坡耕地为最大，园地和林地次之。表土层厚度以园地最大，耕地和林地次之。乐至县耕地侵蚀量为 267.25 万吨/年，园地为 160.35 万吨/年，林地为 53.45 万吨/年，表土层厚度耕地为0.2 米，园地和林地分别为 0.3 米和 0.2 米。通过公式 $V=Q_i/H_i \times P_i$，可以得出乐至县农地的土壤侵蚀价值。

（2）减少土壤养分流失价值

采用市场价值法，以公式 $V=D_i \times A_i \times P_i$ 计算。

式中，V 为土壤养分流失价值（元/年），D_i 为第 i 类土地类型土壤侵蚀量（立方米/年），A_i 为土壤中 N、P、K 的含量，P_i 为 N、P、K 的市场销售价格。乐至土壤全氮含量平均为 0.092%，全磷为 0.121%，全钾为 2.397%。通过公式 $V=D_i \times A_i \times P_i$，可以得出乐至县农地的减少土壤养分流失价值。

(3) 减少泥沙淤积的价值

采用影子工程法，以公式 $V= Q_i \times 24\% \times 0.67$ 计算。

式中，V 为土壤养分流失价值（元/年），Q_i 为第 i 类土地类型土壤侵蚀量（立方米/年），24%为全国土壤侵蚀的泥沙淤积量（我国土壤侵蚀的泥沙一般有 24%淤积于水库、江河、湖泊），0.67（元/立方米）为全国水库工程费用（1990 不变价）。通过公式 $V= Q_i \times 24\% \times 0.67$，换算成 2007 年价格后，可以得出乐至县农地的减少泥沙淤积的价值。

(4) 水土保持总价值

求出上述减少土壤侵蚀、减少土壤养分流失、减少泥沙淤积三项价值之和，就可得到乐至县农地的水土保持总价值。

5. 干扰调节价值

根据谢高地等人（2003）对中国陆地生态系统单位面积干扰调节价值的计算结果，采用农田（耕地）787.5 元/公顷，园地 1592.75 元/公顷，林地 2389.1 元/公顷，水体 407 元/公顷相应数值。通过以上各单位面积生态价值与各类农地面积来计算乐至县各用地类型的干扰调节价值。

6. 土壤形成与养分循环价值

谢高地等人（2003）研究得出了中国陆地生态系统单位面积土壤形成与养分循环价值，采用农田（耕地）1291.9 元/公顷，园地 2588.2 元/公顷，林地 3450.9 元/公顷，水体 8.8 元/公顷相应数值。通过以上各单位面积生态服务价值与各类农地面积的乘积，计算出乐至县各土地类型的土壤形成与养分循环价值。

7. 废物处理价值

参照谢高地等人（2003）对中国陆地生态系统单位面积废物

处理价值的研究成果，采用农田（耕地）1451.2 元/公顷，园地 1159.2 元/公顷，林地 1159.2 元公顷，水体 16086.6 元/公顷相应数值。通过以上各单位面积生态服务价值与各类农地面积来计算乐至县各土地类型的废物处理价值。

8. 生物多样性维持价值

仍以谢高地等人（2003）对中国陆地生态系统单位面积生物多样性维持价值的研究成果，采用农田（耕地）628.2 元/公顷，园地 1924.55 元/公顷，林地 2884.6 元/公顷，水体 2203.2 元/公顷相应数值。通过以上各单位面积生态服务价值与各类农地面积来计算乐至县各土地类型的生物多样性维持价值。

（四）乐至县农地生态服务功能的价值

把以上八大项生态服务价值进行加总，得出乐至县农地生态服务功能的总价值。关于乐至县农地的各项生态价值与总价值如表 6–8 所示：

表 6–8　乐至县农地生态服务功能价值　（单位：百万元/年）

生态服务功能	物质产品	供水蓄水	固定 CO_2 释放 O_2	水土保持	干扰调节	土壤形成养分循环	废物处理	生物多样性维持	单价（万元/hm^2）	总价值
耕地	34.158	143.669	1052.057	7.034	60.138	98.657	110.822	47.973	20.356	1554.508
园地	5.368	20.357	34.606	4.068	15.003	24.379	10.918	18.128	14.101	132.827
林地	1.515	39.230	46.624	1.291	43.368	62.642	21.042	52.362	14.768	268.074
水域	6.069	21.613	–	–	0.875	0.019	34.577	4.736	31.584	67.889
建设用地	86.743	–	–	–	–	–	–	–	71.029	–
总价值	133.853	224.869	1133.287	12.393	119.384	185.697	177.359	123.199	–	2110.041

四、土地可持续利用视角下的农地产权价格评估

根据前文关于代际补偿基金的计算公式，$X=Y/(1+I)^t$ 也即 $Y=X(1+I)^t$，我们需要对公式中的X、I、t分别计算与求取。公式中的X的计算，我们采用前面核算出的农用地的经济、生态、社会价格进行加总，得到一年期的农用地价格。我们还需要利用一年期还原利率i。有关还原利率i已经在农地经济价值核算中进行过相关分析并得出乐至县农地的年还原利率为3.6%，本文尝试使用农用地承包使用年限30年作为一个代际年限，那么30年后的农地还原利率应为 $(1+3.6\%)^{30}-1=1.89$，也即一个代际年限下的代际利率I。对于代际补偿时间t，相关文献中没有具体的研究论述，所以作者尝试采用两代人作为代际补偿时间，也即将t等于2作为代际补偿时间。

关于代际公平原则下的农地产权价格计算采用公式（6–7）、（6–8）、（6–9）逐步计算得出。

一年期农地的经济、社会、生态价格如公式（6–7）所示：

$$X=(X_1+X_2+X_3) \cdots\cdots\cdots\cdots (6\text{–}7)$$

式中，X 表示一年期农地价格，X_1 表示一年期农地经济价格，X_2 表示一年期农地社会价格，X_3 表示一年期农地生态价格。

基于一代人的农地产权价格计算公式由公式（6–8）表示：

$$Y_1=X_x(1+i)^{30} \cdots\cdots\cdots\cdots (6\text{–}8)$$

式中，Y1 表示基于一代人的农地产权价格，X 表示一年期农地价格，i 表示一年期土地还原利率。

基于两代人的农地产权价格由计算公式（6–9）表示：

$$Y=Y_1\times(1+1.98)^2 \cdots\cdots\cdots\cdots (6\text{–}9)$$

式中，Y 表示基于两代人的农地产权价格，Y_1 表示基于一代人的农地产权价格，1.89 指代际利率。

（一）乐至县农地一年期经济价格

根据农地经济价格基准年期修正系数表 6–9，我们求取农地一年期经济价格。

表 6–9　乐至县农地基准地价年期修正系数

1	2	3	4	5	6	7	8	9	10
0.0531	0.1044	0.1539	0.2017	0.2479	0.2924	0.3354	0.3769	0.4169	0.4556
11	12	13	14	15	16	17	18	19	20
0.4929	0.5289	0.5637	0.5972	0.6296	0.6609	0.691	0.7202	0.7483	0.7754
21	22	23	24	25	26	27	28	29	30
0.8016	0.8269	0.8513	0.8749	0.8976	0.9196	0.9408	0.9612	0.9809	1

结合前文对乐至县水田、旱地基准地价的核算结果，采用水田一级和旱地五级的一年期平均价格作为乐至县农地一年期经济价格。具体计算为：（678.5118+512.0061）÷2=595.26（元/亩*年）。

（二）乐至县农地一年期社会保障价格

前文计算的乐至县农用地征地区片社会保障价格是农地承包期限 30 年期的价格，对应的一年期社会保障价格如表 6–10 所示：

表 6–10　乐至县农用地一年期社会保障价值表

区片名	30 年期亩均社会保障价格(元/亩)	年均社会保障价格(元/亩＊年)
天池	33892.91	1129.76
童家	29580.85	986.03
龙溪	23469.95	782.33

求取以上三个片区的一年期农地社会保障价格的平均数，可以得出乐至县单位面积年均农地社会保障价格。具体计算为：(1129.76+986.03+782.33) ÷3=966.04（元/亩＊年）。

（三）乐至县农地经济、社会、生态三维度的一年期价格

首先，根据前文计算出的乐至县全县农地生态服务总价值，与乐至县农地总面积相除，得出一年期农地生态价格为 29.494960（万元/年＊亩）。其次，对前面分别计算出的乐至县农用地经济、社会、生态一年期价格进行叠加（595.26+966.04+294949.60）。最后，可得出乐至县农用地经济、社会、生态三维度下的一年期价格 X=296511（元/年＊亩）。

（四）乐至县基于一代人的农地产权价格

在乐至县农地经济、社会、生态三维度一年期价格的基础上，以年利率 3.6%作为土地还原利率，并以 30 年农地承包期作为一代人的代际时间，通过公式（6–8）可计算得出基于一代人的农地产权价格 Y_1。

$Y_1=296511\times(1+3.6\%)^{30}$

由此得出基于一代人的农地产权价格 $Y_1=856709$（元/亩）。

(五) 乐至县基于两代人全面的农地产权价格

最后，我们把一代人的农地价格 Y_1、代际利率 1.89 代入公式 (6-9)，计算基于两代人的农地产权价格 Y。

$$Y=Y_1\times(1+1.89)^2$$

最后得出基于两代人全面的农地产权价格 Y = 7155319 (元/亩)。

与基于一代人的农地产权价格相比，基于两代人的全面的农地产权价格是前者的 8.35 倍，与现行乐至县土地征收、征用过程中农地的平均补偿价格 3.1 万元/亩相比较，基于两代人全面的农地产权价格是其价格的 231 倍。

五、研究结论

与基于一代人的农地产权价格相比，基于两代人的全面的农地产权价格是前者的 8.35 倍。这说明，通过代际核算的方式对农地产权价格进行量化，可以大幅提高农地产权价格。这也说明，对后代人进行合理补偿是建立代际补偿基金的重要途径，能够较好地保持土地资源的价值量不减少，为土地资源可持续利用提供资源价值的有利工具，通过这种代际补偿机制达到农地资源代际共享与均衡发展，避免由于代际补偿不足而出现的农地不可持续利用问题。笔者认为在农地评估工作中可尝试运用代际补偿原则对农地产权价格进行核算，这有利于整个社会在可持续发展观的基础上形成对农用地产权价格的正确认识，并最终实现农用地全面的产权价格。

同时，通过基于土地可持续利用视角的农用地产权价格的全面核算，与现行乐至县农用地征收、征用实践中的实际产权价格相比较，前者为后者的231倍。这说明，农地的代际公平因素以及经济、社会、生态三方面属性是农地价值构成中不可忽视的重要组成部分，对农地代际因素以及生态价值、社会价值的忽视是现行农地价值测算总体偏低的重要原因，而土地可持续利用理论下的全面的农地价格测算则可以完整地体现农地的产权价值组成，且能够大幅地提高现行以产值倍数方式核算出的农地价格。因此，通过基于土地可持续利用理论的农地价格的全面核算能够使农地产权价格以清晰、完整的价值形态得以体现，科学地界定和准确地测算农地产权价格是实现土地可持续利用视角下的农地产权制度创新的前提和工具，本测算方法可为农地产权制度创新提供明确有效的判断标准、信息基础、操作工具和技术支撑。

第二节　乐至县农地产权转移的代际配置效率测度

农地产权转移的代际配置效率测度是衡量农地产权制度安排有效性的必要手段与途径,在现阶段农地产权转移的过程中,合理选择农地代际配置数量是协调城市化用地需求与农地保护两者矛盾的有效办法,关系到土地可持续利用视角下的农地产权制度创新的顺利推进。本书以四川省乐至县农地产权转移的代际配置为例,达到对我国农地代际利用效率研究之目的,借助合理的农地代际配置,形成土地可持续利用视角下的农地产权制度创新的有效安排。

一、研究方法与模型

遵循资源配置最优原则——资源利用的供给与需求量相等，

以此保证资源配置的均衡，农地产权转移中的代际配置也同样遵循该原则。在供需均衡原则之下，首先需要计算农地产权转移过程中的边际净收益。

农地产权转移过程中的总净收益就是城市建设用地的边际收益减去农地边际收益，再减去农地的非市场价值，具体如公式（6–10）所示：

$$MR_{净} = MRy_3 - MRx_3 - MR_{非} \cdots\cdots\cdots\cdots\cdots\cdots \quad (6\text{–}10)$$

式中，$MR_{净}$表示农地产权转移的总净收益，MRy_3 表示城市建设用地的边际收益，MRx_3 表示农地的边际收益，$MR_{非}$表示农地的非市场价值。

我们可以根据 C–D 生产函数测算出农用地和城市建设用地的边际收益。C–D 生产函数的具体形式如公式（6–11）、（6–12）所示：

$$X = A \times X_1^{\alpha} \times X_2^{\beta} \times X_3^{\gamma} \cdots\cdots\cdots\cdots\cdots\cdots \quad (6\text{–}11)$$

$$Y = B \times Y_1^{j} \times Y_2^{K} \times Y_3^{L} \cdots\cdots\cdots\cdots\cdots\cdots \quad (6\text{–}12)$$

在公式（6–11）、（6–12）中，X 为第一产业的产值，Y 为第二、三产业的产值；X_1 和 Y_1 分别为第一产业和第二、三产业资本投入；X_2 和 Y_2 分别为第一产业和第二、三产业劳动力投入；X_3 和 Y_3 分别为第一产业和第二、三产业土地资源的投入。

对（6–11）、（6–12）两式中的农用地和建设用地求取偏导数，从而求得农用地和建设用地的边际净收益，关于其边际净收益的计算公式如（6–13）、（6–14）所示：

$$MR_{X3} = \frac{\partial X}{\partial X_3} = A \times \gamma \times X_1^{\alpha} \times X_2^{\beta} \times X_3^{\gamma} - 1 \cdots\cdots\cdots\cdots\cdots \quad (6\text{–}13)$$

$$MR_{Y3} = \frac{\partial Y}{\partial Y_3} = B \times L \times Y_1^{j} \times Y_2^{K} \times Y_3^{L} - 1 \cdots\cdots\cdots\cdots\cdots\cdots \quad (6-14)$$

公式（6–13）、（6–14）中，MR_{X3} 和 MR_{Y3} 分别表示农用地和建设用地的边际收益，将公式（6–11）、（6–12）中的各项系数估计出来后代入公式（6–13）、（6–14）中，可以求出农用地和建设用地的边际收益。接着运用公式（6–10），通过上述求得的城市建设用地的边际收益减去农地的边际收益和农地的非市场价值，可得到农地产权转移中的边际净收益。

在求得边际净收益之后，我们还可以测算农地产权转移中的代际损失数量及配置效率，这就需要以农用地和建设用地的边际收益作为自变量，模拟农地产权转移数量的供需曲线。谭荣、曲福田（2007）对农地非农化的代际配置与农地资源损失的研究中采用了供需直线模拟农地产权转移的理想数量，供需数量呈直线

图 6–2　农地产权转移数量供需 logistic 曲线图

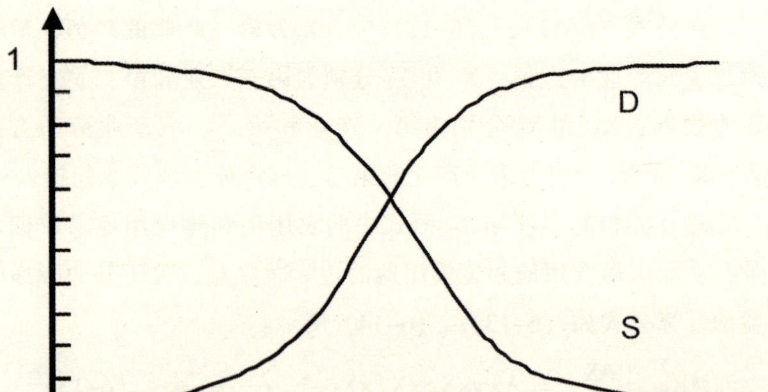

无限延伸状态，这不符合客观实际。因为农地产权转移的数量始终不能超越农用地初始数量的约束，呈直线状态的产权转移数量造成了模拟的偏差。因此，本书采用更为合理的逻辑斯蒂曲线模拟产权转移数量的供需曲线。通过图 6–2，我们可以直观地了解农地产权转移数量的供给与需求状态。

逻辑斯蒂方程对农地产权转移的数量比例和边际收益之间的关系用曲线描述，且农地转移数量有农地初始数量的约束，所以采用逻辑斯蒂曲线模拟农地产权转移数量供需曲线更为合理。根据逻辑斯蒂方程，我们设立农用地的供给方程为：

$$f(g_s)=\frac{1}{1+e^{(a+b\times g)}}\cdots\cdots\cdots\cdots\cdots\cdots\quad(6\text{–}15)$$

建设用地的需求方程为：

$$f(hd)=\frac{1}{1+e^{(c+d\times h)}}\cdots\cdots\cdots\cdots\cdots\quad(6\text{–}16)$$

公式（6–15）、（6–16）中，$f(g_s)$ 和 $f(hd)$ 分别表示农地产权转移数量与农用地和建设用地初始值的供给比例与需求比例，gs 和 hd 分别表示农用地和建设用地的边际收益。

估计出 a、b、c、d 后，令农地产权转移的供给与需求边际净效益相等，可以得到符合代际配置效率的农地产权转移数量比例，通过与初始农用地数量相乘，可以得出符合代际配置效率的农地产权转移数量，然后结合各时段实际的农地产权转移数量，就可以计算各时段产权转移的代际配置损失数量及比例。

如前所述，农地生态系统可提供强大的生态服务功能，产生出巨大的经济价值。通过对土地生态系统服务功能的价值测算，可以比较全面科学地展示农地的自然资源价值，这部分价值属于非市场价值，应在农地产权转移的边际净收益核算中作为农地的非市场价值进行减除，即城市建设用地边际收益—农地边际收益—农地生态价值。本文对乐至县农地的生态价值进行过核算，但是核算出的一年期生态价值已经大大超出全县的GDP产值。因乐至县是一个以第一产业为主导的贫困县，GDP产值很低，若在边际净收益核算中对生态价值进行减除必然会出现负值现象，所以作者对生态价值的减除进行了忽略。

二、农地代际配置损失测度

(一) 数据说明

方程估计中的数据来自乐至县统计局编写的《乐至县统计年鉴》(1980—2008)、乐至县国土资源局编写的《乐至县土地面积统计年报》(1989—2008)，各项指标均满足统一口径。方程6-19和6-20中的X、Y分别表示第一产业、第二、三产业GDP的产值；x_1和y_1分别表示第一产业和第二、三产业新增基本建设投资、新增更新改造投资和城镇集体单位固定资产投资之和；x_2和y_2分别表示第一产业和第二、三产业从业人员数量；x_3为农用地（包括林地、草地、耕地、园地和水域）的面积，y_3为城市建设用地面积。在计算中需要用到农地产权转移的实际数量，本书采用历年耕地的实际减量进行替代。这是因为每年农地产权转移数量占到农地减量的绝对比例，由其他因素造成的农地损失数量占到农地减量的较小比例，且耕地是农地最为重要的组成部分，可由耕地表征农地的整体利用状况，所以选择这个指标具有可行性。方程中各项数据都统一成1990年的不变价格，以此消除通货膨胀因素的影响，使得各年的价格成为可比价格，避免主观判断贴现率的误差。

（二）代际年限的划分

本书将研究区间选择为1989—2008年，若从理论上对代际年限进行划定，则需要较长的时间区间，由于土地数据的可获得性，因此选择了上述时间段。同时，为了进行代际间的比较，将该区间划分为1989—1996年、1997—2003年和2004—2008年三个子区间。之所以对区间如此划分，是因为1989年到1996年农地利用处于活跃阶段，1996年后国家制定了一系列农地资源保护政策，标志着对农地资源的利用进入保护时期，且1996年是我国九五计划的第一年，2004年后国家加大了高效节约、集约利用土地政策的实施力度，对农地产权转移的控制力度更高于往年(谭荣、曲福田，2007)。所以对上述三时段农地利用代际效率的测度，可以评价各时段土地产权制度安排的制定和实施对农地调控的效果，达到对农地利用代际配置效率评价的目的。

（三）农地产权转移中的边际净收益

关于C-D生产函数的参数估计，作者曾采用多元线性回归方法对其进行估计，但是拟合出的弹性系数并不介于0~1之间，并出现较大的负值，不符合要素间的基本逻辑，所以，本书采用公式法估计各项参数。关于农地产权转移的供给方程（6-11）中的弹性系数α、β、γ的估计采用公式（6-17）到（6-20）逐步计算得出：

$$\lambda=\frac{\triangle X}{X}\div\frac{\triangle X_i}{X_i}\cdots\cdots\cdots\cdots\cdots\cdots\quad(6\text{-}17)$$

公式（6-17）中，当i=1时，λ=α′；当i=2时，λ=β′；当i=3时，λ=γ′。

通过上述步骤求出α′、β′、γ′后，代入公式（6–18）、(6–19)、(6–20)，从而求出农地产权转移的供给方程（6–11）中的弹性系数α、β、γ值。

$$\alpha=\frac{\alpha'}{\alpha'+\beta'+\gamma'} \quad \cdots\cdots\cdots\cdots \quad (6\text{–}18)$$

$$\beta=\frac{\beta'}{\alpha'+\beta'+\gamma'} \quad \cdots\cdots\cdots\cdots \quad (6\text{–}19)$$

$$\gamma=\frac{\gamma'}{\alpha'+\beta'+\gamma'} \quad \cdots\cdots\cdots\cdots \quad (6\text{–}20)$$

关于农地产权转移的需求方程（6–12）中的弹性系数J、K、L的估计采用公式（6–21）到（6–24）逐步计算得出：

$$U=\frac{\triangle Y}{Y}\div\frac{\triangle Y_1}{Y_i} \quad \cdots\cdots\cdots\cdots \quad (6\text{–}21)$$

公式（6–21）中，当μ=1，U=J′；当μ=2时，U=K′；当μ=3时，U=L′。

通过上述步骤求出J′、K′、L′后，代入公式(6–22)、(6–23)、(6–24),从而求出农地产权转移的需求方程(6–12)中的弹性系数J、K、L值。

$$J=\frac{J'}{J'+K'+L'} \quad \cdots\cdots\cdots\cdots \quad (6\text{–}22)$$

$$J=\frac{J'}{J'+K'+L'} \quad \cdots\cdots\cdots\cdots \quad (6\text{–}23)$$

$$J=\frac{J'}{J'+K'+L'} \quad \cdots\cdots\cdots\cdots \quad (6\text{–}24)$$

关于供给与需求方程中的技术进步系数A和B分别采用公

式(6–25) 和 (6–26) 计算：

$$A=\frac{\triangle X}{X}-\alpha\frac{\triangle X_1}{X_1}-\beta\frac{\triangle X_2}{X_2}-\gamma\frac{\triangle X_3}{X_3}\cdots\cdots\cdots\cdots\cdots\cdots\cdots\cdots\quad(6\text{–}25)$$

$$B=\frac{\triangle Y}{Y}-\alpha\frac{\triangle Y_1}{Y_1}-\beta\frac{\triangle Y_2}{Y_2}-\gamma\frac{\triangle Y_3}{Y_3}\cdots\cdots\cdots\cdots\cdots\cdots\cdots\cdots\quad(6\text{–}26)$$

以上求取弹性系数和技术进步系数的方法，最突出的特点是不受生产要素量纲和数量级的影响，各指标均以增长率的形式出现，从而使估计结果基本上能反映经济变量之间的关系；而且以要素间的增长率方法求得的参数值，具有较好的统计特性，对于揭示变量间关系的一般趋势有较强的说服力（徐浪、马丹，2001）。关于 C–D 生产函数的参数计算结果见表 6–11、6–12。

根据上述求出的相关参数，可以得出乐至县农地产权转移的供给和需求方程：

$$X=0.046417\times X_1^{-0.0006833}\times X_2^{0.097124}\times X_3^{0.903559}\quad\cdots\cdots\cdots\cdots\cdots\quad(6\text{–}27)$$

表 6–11　C–D 生产函数第一产业的计算参数值

时间序号	α′	β′	γ′	α′ + β′ + γ′	α	β	γ	A
1990	0.605596	–7.70771	–117.448	–124.550114	–0.00486	0.061884	0.942978	0.145449
1991	0.075324	–0.94612	–68.1497	–69.020498	–0.00109	0.013708	0.987383	0.049635
1992	0.02721	–1.33011	46.02487	44.667555	–0.00061	–0.02978	1.030387	–0.0253
1993	0.000746	–0.05206	–1.06106	–1.112377	–0.00067	0.046803	0.953868	0.010314
1994	0.075294	–1.47821	30.61711	29.214194	0.002577	–0.0506	1.048022	0.008835
1995	–2.63522	172.5428	–480.714	–310.80642	0.008479	–0.55515	1.546666	0.22265
1996	0.332314	–1.36886	–17.4003	–18.436846	–0.01802	0.074246	0.943778	0.047687
1997	–0.2512	–3.64359	55.35217	51.457384	–0.00488	–0.07081	1.075689	0.080818
1998	–0.01038	1.14076	1.043502	2.173885	–0.00477	0.524756	0.480017	0.000167
1999	–0.0074	–0.81037	0.371627	–0.446144	0.016586	1.816392	–0.83298	–0.00434

续表

时间序号	α′	β′	γ′	α′+β′+γ′	α	β	γ	A
1999	-0.0074	-0.81037	0.371627	-0.446144	0.016586	1.816392	-0.83298	-0.00434
2000	0.190532	-0.3101	-187.245	-187.364571	-0.00102	0.001655	0.999362	0.042297
2001	0.349535	1.361074	110.4603	112.170909	0.003116	0.012134	0.98475	-0.03318
2002	0.280694	-0.77482	-338.619	-339.113124	-0.00083	0.002285	0.998543	0.102865
2003	0.196988	-0.52027	182.2212	181.89792	0.001083	-0.00286	1.001777	0.054531
2004	0.208574	-0.51668	-42.2935	-42.601603	-0.0049	0.012128	0.992768	0.075174
2005	0.169537	-0.39997	112.0345	111.804066	0.001516	-0.00358	1.002061	0.071305
2006	-0.12074	-0.72964	35.54263	34.692248	-0.00348	-0.02103	1.024512	-0.01437
2007	0.032157	-0.29907	-31.1529	-31.419808	-0.00102	0.009518	0.991505	0.012575
2008	0.065246	-1.30434	-356.656	-357.895094	-0.00018	0.003644	0.996538	0.034798
平均值	-0.02472	8.04488	-56.1617	-48.14149674	-0.00068	0.097124	0.903559	0.046417

表 6-12　C-D 生产函数第二、三产业的计算参数值

时间序号	J′	K′	L′	J′+K′+L′	J	K	L	B
1990	0.196849	0.27763	2.641229	3.115708	0.06318	0.089106	0.847714	0.016654
1991	0.06931	0.252529	7.223878	7.545717	0.009185	0.033467	0.957348	0.0308
1992	0.050063	-0.64571	13.17081	12.575159	0.003981	-0.05135	1.047367	0.026469
1993	0.010954	0.235705	2.067373	2.314032	0.004734	0.101859	0.893407	-0.02969
1994	0.330834	0.675141	-24.9785	-23.972525	-0.0138	-0.02816	1.041964	0.054856
1995	-0.26222	-2.54592	14.12135	11.31321	-0.02318	-0.22504	1.248218	0.049109
1996	0.668145	1.221366	4.727793	6.617304	0.100969	0.184572	0.714459	0.067205
1997	-0.59806	3.551102	20.91757	23.870616	-0.02505	0.148765	0.876289	0.153861
1998	0.0798	3.450683	763.5013	767.031783	0.000104	0.004499	0.995397	0.071642
1999	-0.21882	3.916289	-6.04008	-2.342611	0.093409	-1.67176	2.578356	0.101135
2000	0.374516	0.602432	68.12916	69.106108	0.005419	0.008717	0.985863	0.080834

续表

时间序号	J′	K′	L′	J′+K′+L′	J	K	L	B
2000	0.374516	0.602432	68.12916	69.106108	0.005419	0.008717	0.985863	0.080834
2001	1.559847	−1.3528	109.8905	110.097547	0.014168	−0.01229	0.998119	0.143019
2002	0.281479	0.69344	36.68191	37.656829	0.007475	0.018415	0.97411	0.087958
2003	0.494681	−21.9545	1092.171	1070.711181	0.000462	−0.02051	1.020043	0.186589
2004	0.407771	22.36514	19.68554	42.458451	0.009604	0.526754	0.463642	0.172312
2005	0.373047	1.054158	11.53673	12.963935	0.028776	0.081315	0.88991	0.152571
2006	0.217207	0.304194	7.116937	7.638338	0.028436	0.039825	0.931739	0.030151
2007	0.380934	5.016024	57.61059	63.007548	0.006046	0.07961	0.914344	0.212621
2008	0.27706	4.01992	162.801	167.09798	0.001658	0.024057	0.974285	0.18421
平均值	0.247021	1.112464	124.3672	125.7266479	0.016609	−0.03517	1.018557	0.094332

$$Y = 0.094332 \times Y_1^{0.016609} \times Y_2^{-0.03517} \times Y_3^{1.018557} \quad \cdots\cdots\cdots\cdots\cdots \quad (6\text{–}28)$$

模型（6–27）中的投资弹性系数和模型（6–28）中劳动力弹性系数均呈现较小负数，说明该要素增长对该产业的 GDP 产值增长呈负增长，因此，从数学意义角度出发是否推断这两项系数的数值不具可行性？但是笔者认为这两项系数负值都很小，乐至县主要依赖土地进行各项产业生产，要素间的投入不均衡。第一产业中的投资弹性系数为−0.0006833，说明固定资产投资每增加1%，在其他因素不变的条件下可促使第一产业总产值下滑0.06833%，表明第一产业中投资要素对产业增长存在非常小的抑制作用；第二、三产业中的劳动力的弹性系数为−0.03517，说明第二、三产业中劳动力投资每增加 1%，在其他因素不变的条件下可促使第二、三产业总产值下滑 3.517%，表明第二、三产业中劳动力要素对产业增长也呈现较小的抑制效果，所以，根据乐至县各生产要素对产业生产的实际情况，方程中各弹性系数间的关系基本符合逻辑。同时，本研究主要利用 C–D 方程来考察农用地与建设用地对经济增长的边际贡献，从时间序列上看是基于同一计算尺度而求取不同的数值，符合本文研究需求。如果强行对非正的系数进行修正，反而影响方程本身的逻辑性与正确性。因此，上述计算的各项系数基本可行。

根据上述求出的 C–D 方程（6–27）、（6–28），利用公式（6–13）、（6–14）求解土地投入的偏导数，计算出农用地和建设用地的边际收益，再根据公式（6–10），可得出乐至县农地产权转移三时段的边际净收益，如表 6–13 所示。

表 6–13　乐至县农地产权转移三时段边际净收益　(单位：万元/公顷 * 年)

1989—1996 年		1997—2003 年		2004—2008 年	
时段值	平均值	时段值	平均值	时段值	平均值
0.325434	0.040679	0.299675	0.042811	0.232724	0.046545

通过下图 6–3 可以直观地显示乐至县农地产权转移三时段的边际净收益。

图 6-3 乐至县农地产权转移三时段边际净收益图

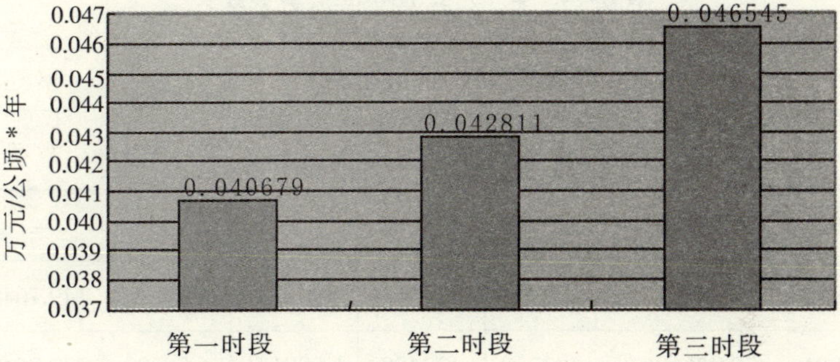

通过上图可以看出，1989—1996 年时段的农地产权转移数量的边际收益小于 1997—2003 年和 2004—2008 年两时段，1997—2003 年时段小于 2004—2008 年时段，说明这二十年期间农地产权转移中存在代际配置的效率损失，1989—1996 年时段产权转移数量最多，1997—2003 年时段次之，2004—2008 年时段最少。如果在 1989—2003 年时段减少一定的农地产权转移数量，或者把此时段的农地产权转移的数量留于 2004—2008 年时段使用，那么这二十年期间的产权转移数量配置可以达到帕累托改善。

（四）农地产权转移的代际效率损失

根据上述计算结果，可以进一步计算农地代际配置损失的数量与效率。方程（6–15）、（6–16）中的参数 a、b、c、d 的估计采用 SPSS15 统计软件中一元线性回归方程处理。首先对逻辑斯蒂回归方程作出线性变换，使逻辑斯蒂回归模型变为普通一元回归模型。第一产业和第二、三产业逻辑斯蒂回归模型中的自变量、逻辑变换的数值见表 6-14、6-15：

表 6-14 第一产业 Logistic 计算参数表

年份	边际收益 g(万元/公顷 * 年)	初始农地数量 ni (公顷)	各年农地数量 mi (公顷)	各年农地比例 p=(ni/mi)	逻辑变换 ln[(1-p)/p]	权重
1989	0.047001	123718	123718	1	–	–
1990	0.046915	123718	123568	0.998788	6.713912	149.7645
1991	0.046686	123718	123488	0.998141	6.28582	229.5642
1992	0.046751	123718	123422	0.997607	6.033005	295.3487
1993	0.046519	123718	123163	0.995514	5.402296	552.5092
1994	0.046488	123718	123197	0.995789	5.46579	518.7827
1995	0.046499	123718	123140	0.995328	5.361503	575.31
1996	0.046364	123718	122840	0.992903	4.940991	871.7953
1997	0.04627	123718	123018	0.994342	5.169006	696.0359
1998	0.046252	123718	121851	0.984909	4.178466	1838.853
1999	0.046215	123718	122865	0.993105	4.970082	847.1539
2000	0.045724	123718	122844	0.992936	4.94559	867.7704
2001	0.04561	123718	122804	0.992612	4.900514	907.2757

续表

年份	边际收益 g(万元/公顷 * 年)	初始农地数量 ni (公顷)	各年农地数量 mi (公顷)	各年农地比例 p=(ni/mi)	逻辑变换 ln[(1-p)/p]	权重
2002	0.045053	123718	122771	0.992345	4.864777	939.8115
2003	0.044642	123718	122802	0.992596	4.898312	909.2259
2004	0.04409	123718	122622	0.991141	4.717439	1086.308
2005	0.043418	123718	122685	0.99165	4.777153	1024.419
2006	0.043492	123718	122640	0.991287	4.734146	1068.563
2007	0.043354	123718	122604	0.990996	4.701003	1103.927
2008	0.043239	123718	122589	0.990874	4.687505	1118.747

表 6-15　第二、三产业 Logistic 计算参数表

年份	边际收益 h(万元/公顷 * 年)	最终建设用地数量 ni(公顷)	各年建设用地数量 ni(公顷)	各年建设用地比例 p=(mi/ni)	逻辑变换 ln(1-p/p)	权　重
1994	0.08873	17514	16582	0.946785	2.87874	882.4107
1995	0.088484	17514	16641	0.950154	2.947689	829.4871
1996	0.08848	17514	16941	0.967283	3.386606	554.2585
1997	0.087918	17514	17067	0.974478	3.642343	435.5842
1998	0.088943	17514	17069	0.974592	3.646945	433.6893

续表

年份	边际收益 h(万元/公顷 * 年)	最终建设用地数量 ni(公顷)	各年建设用地数量 ni(公顷)	各年建设用地比例 p=(mi/ni)	逻辑变换 ln(1-p/p)	权 重
1999	0.088181	17514	16841	0.961574	3.219826	647.1325
2000	0.088079	17514	16861	0.962716	3.251181	628.6458
2001	0.08858	17514	16884	0.964029	3.288402	607.3345
2002	0.088612	17514	16926	0.966427	3.359879	568.2567
2003	0.089128	17514	16929	0.966598	3.365172	565.4624
2004	0.089684	17514	17092	0.975905	3.70136	411.8317
2005	0.089796	17514	17343	0.990236	4.619281	169.337
2006	0.089687	17514	17425	0.994918	5.277025	88.55382
2007	0.090248	17514	17493	0.998801	6.725034	20.97411
2008	0.090902	17514	17514	1	–	

虽然我们对逻辑斯蒂方程拟合了回归模型，但是拟合出的方程存在异方差，回归模型不是等方差的，所以我们采用加权最小二乘法对参数进行重新估计，以此消除方程的异方差。关于需要代入农用地和建设用地的逻辑斯蒂方程参数估计的权重值如表6–14 和 6–15 所示。经过加权最小二乘法对参数重新估计后，方程（6–15）和（6–16）的复相关系数 R 分别为：0.949 和 0.863，判定系数 R_2 分别是 0.901 和 0.745，模型对样本数据的拟合（F 检验）及各变量的回归系数（t 检验）均达到极显著水平，表明农地产权转移的逻辑斯蒂模型假设符合实际，模型有效。

通过 SPSS15 软件的运算，农地产权转移供给逻辑斯蒂方程的计算结果及相关检验由表 6–16 到 6–19、图 6–4 到 6–5 具体表示：

表 6–16 供给方程总结

R	R Square	Adjusted R Square	Std. Error of the Estimate	Durbin–Watson
0.949	0.901	0.895	0.200458765	1.517

表 6–17 供给方程单因素方差分析

	Sum of Squares	df	Mean Square	F	Sig.
Regression	6.224	1	6.224	154.879	0.000(a)
Residual	0.683	17	0.040		
Total	6.907	18			

表 6–18 供给方程系数

	Unstandardized Coefficients	Standardized Coefficients	t	Sig.	
	B	Std. Error	Beta	B	Std. Error
Constant	4.482	0.070		63.690	0.000
VAR00002	8228.626	661.197	0.949	12.445	0.000

表 6-19 供给方程残差统计

	Minimum	Maximum	Mean	Std. Deviation	N
Predicted Value	4.68872643	7.05944633	5.14459527	0.588010546	19
Residual	−0.510260522	0.248732492	0.000000000	0.194810903	19
Std. Predicted Value	−0.775	3.256	0.000	1.000	19
Std. Residual	−2.545	1.241	0.000	0.972	19

图 6-4 供给方程标准化回归残差图

Depenfent Varible: VAR00001

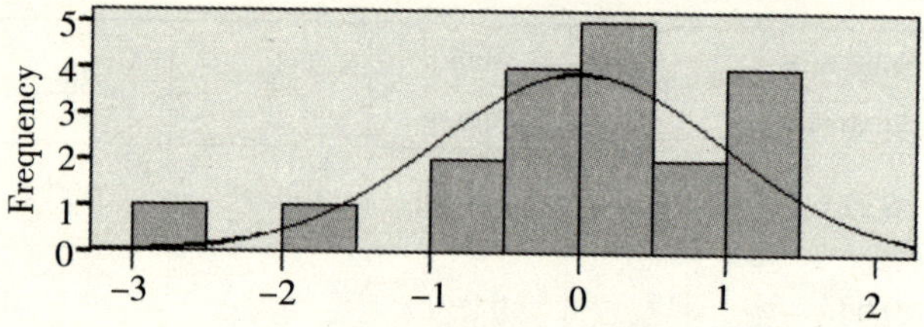

图 6-5 供给方程标准化回归残差正态分布图

Depenfent Varible: VAR00001

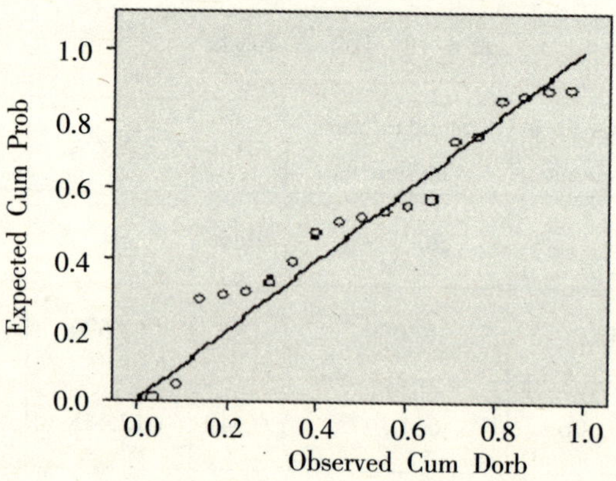

图 6-6 供给方程标准化回归预测值散点图

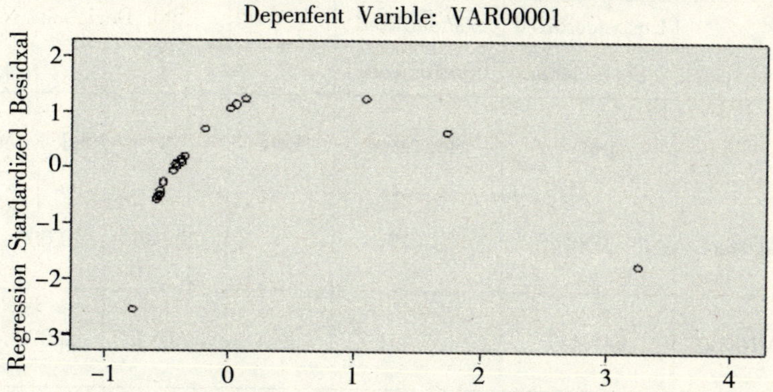

通过 SPSS15 软件的运算,农地产权转移需求逻辑斯蒂方程的计算结果及相关检验由表 6-20 到 6-23、图 6-7 到 6-9 具体表示:

表 6-20 需求方程总结

R	R Square	Adjusted R Square	Std. Error of the Estimate	Durbin-Watson
0.863	0.745	0.730	0.546973934	0.719

表 6-21 需求方程单因素方差分析

	Sum of Squares	df	Mean Square	F	Sig.
Regression	14.889	1	14.889	49.766	0.000
Residual	5.086	17	0.299		
Total	19.975	18			

表 6–22 需求方程系数

	Unstandardized Coefficients	Standardized Coefficients	t	Sig.	
	B	Std. Error	Beta	B	Std. Error
Constant	3.097	0.137		22.540	0.000
VAR00002	941.429	133.451	.863	7.054	0.000

表 6–23 需求方程残差统计

	Minimum	Maximum	Mean	Std. Deviation	N
Predicted Value	3.15650940	7.14762735	3.49151361	0.909487228	19
Residual	–0.770884156	1.226727605	0.00000000	0.531563116	19
Std. Predicted Value	–0.368	4.020	0.000	1.000	19
Std. Residual	–1.409	2.243	0.000	0.972	19

图 6-7　需求方程标准化回归残差直方图

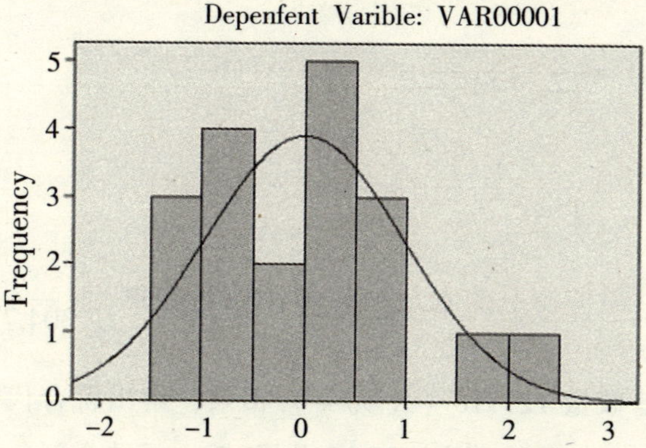

图 6-8　需求方程标准化回归残差正态分布图

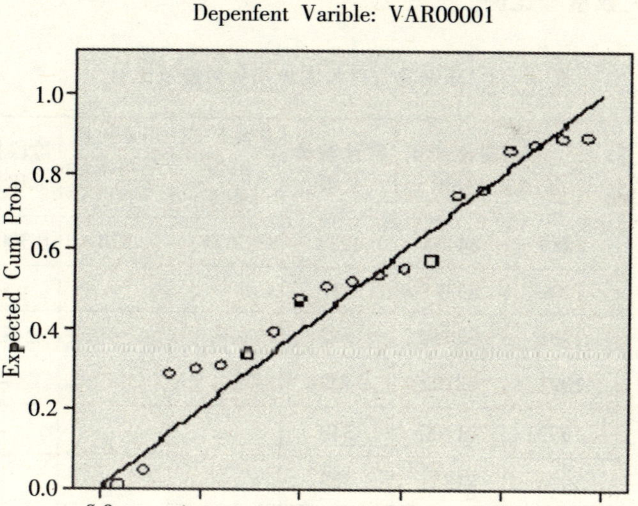

由此得出得出农地产权转移的供给方程（6–27）与需求方程（6–28）：

$$f\ (X_S)=\frac{1}{1+e^{(4.482+8228.626X)}}\cdots\cdots\cdots\cdots\ (6–27)$$

$$f\ (Y_d)=\frac{1}{1+e^{-(3.097+941.429y)}}\cdots\cdots\cdots\cdots\ (6–28)$$

求出供需均衡下的农地产权转移数量比例为$\frac{1}{304.7789}$，与初始农用地数量 123718（公顷/年）相乘，得出符合代际配置效率的农地产权转移数量是 405.93 公顷/年。再结合每年耕地数量的实际减量，可算出每一时段农地产权转移代际损失平均数量及比例。由表 6–24 和图 6–9、图 6–10 可以看出乐至县三时段农地代际损失数量和比例。

表 6–24　乐至县三时段农地损失数量及比例

代际年限	年份	耕地面积（公顷）	耕地减量（公顷）	耕地阶段减量（公顷）	耕地阶段平均减量（公顷）	阶段损失比例
第一时段	1989	84455	1134	3694	528	0.300013
	1990	83321	677	–	–	–
	1991	82644	542	–	–	–
	1992	82102	402	–	–	–
	1993	81700	349	–	–	–
	1994	81351	363	–	–	–
	1995	80988	227	–	–	–
	1996	80761	200	–	–	–

续表

代际年限	年份	耕地面积（公顷）	耕地减量（公顷）	耕地阶段减量（公顷）	耕地阶段平均减量（公顷）	阶段损失比例
第二时段	1997	80561	194	3051	436	0.073725
	1998	80367	85	–	–	–
	1999	80282	986	–	–	–
	2000	79296	1062	–	–	–
	2001	78234	300	–	–	–
	2002	77934	224	–	–	–
	2003	77710	1375	–	–	–
第三时段	2004	76335	0	1400	280	–0.31023
	2005	76335	0	–	–	–
	2006	76335	–31	–	–	–
	2007	76366	56	–	–	–
	2008	76310		–	–	–

图 6-9　需求方程标准化回归预测值散点图

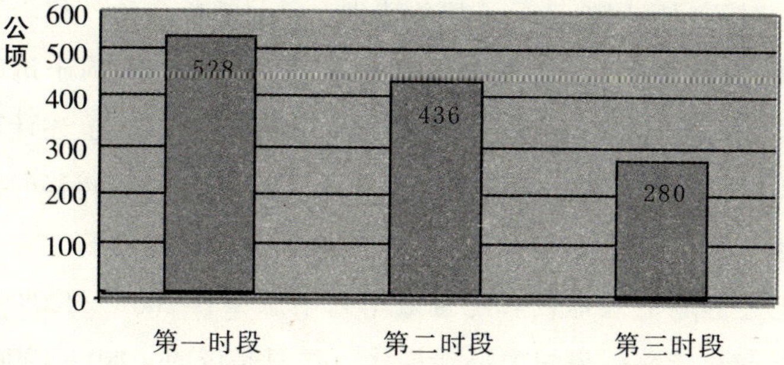

图 6-10 乐至县农地三时段代际损失比例

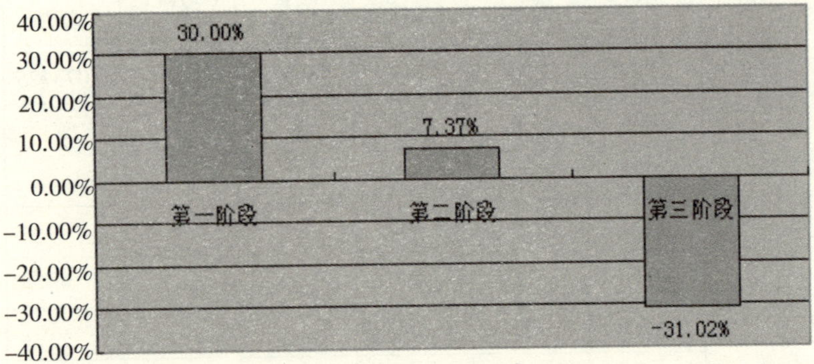

上述图表反映出乐至县三时段农地代际配置的效率损失依次递减，1989—1996 年时段比 1997—2003 年和 2004—2008 年时段代际配置效率低，1997—2003 年时段比 2004—2008 年时段低，这三时段的代际配置效率损失正好与乐至县农地产权转移的实际情况相吻合。从实际情况观察，1990 年起全国各地普遍占用大量农地进行低效的开发区建设，四川省乐至县也如此，国家在 1996 年后对开发区进行清理整治，乐至县在 1996 年后也积极响应，对开发区用地进行了相关清理，并且严控农地产权转为建设用地产权，2004 年后乐至县实施了节约、集约利用土地的政策，低效的农地产权转移现象逐渐得以控制。所以，上述计算得出的三时段农地代际效率损失正好与乐至县农地产权转移的实际情况相一致，说明了本次农地代际配置模型的运用有效。

上述递增的农地代际配置效率并不意味着 2003—2008 年时段农地产权转移效率损失呈现最优，这只是说明 1989—1996 年时段相对于1997—2003年和2004—2008年时段，以及1997—2003年相对于2004—2008年时段存在农地产权转移数量代际配置的效率损失，说明1996年后农地保护政策有利于农地产权转移数量的代际配置效率的提高，但是并不能据此推断2008年后可以提高农地产权转移速度。由于我们考察的样本区间较小，2003—2008年时段是否是符合代际最优配置，需要在更长时段后通过模型检验。例如：以更长时段为样本区间，发现2003—2008年相对于以后时段的农地产权转移数量过少，方可适当提高产权转移速度，否则应该继续保持降低的趋势。所以，即使2004—2008年时段相对于1989—2003年时段代际配置效率提高了，我们也应该至少保持现有农地产权转移速度。在这种判断标准下的农地产权转移策略，会使得农地产权转移数量在最优配置数量上下波动，但波动会逐渐向最优数量收敛（谭荣、曲福田，2007）。

三、研究结论与政策建议

（一）创新研究方法，构建农地产权转移代际配置模型

在现阶段农地产权转移的过程中，合理选择农地代际配置数量是协调城市化用地需求与农地保护两者矛盾的唯一办法，同时也关系到土地可持续利用视角下的农地产权制度创新的顺利推进。本书将目光集中在农地产权转移数量是否符合代际配置效率的问题上，从资源代际配置的基本原理出发，创新性地引入逻辑斯蒂曲线模拟农地产权转移中的最优转移数量，以此提高模型的拟合精度，构建起资源代际配置效率检验模型，测度农地资源利用的代际效率损失，检验过去时段农地的代际配置效率可为未来

农地代际利用提供依据。

（二）运用模型进行测度，得出结论

本书运用代际配置检验模型，对乐至县1989—2008年间的农地产权转移过程中的代际配置效率进行了检验，发现其间的代际配置存在效率损失，1989—1996年时段的农地产权转移的边际收益普遍小于1997—2003年和2004—2008年时段，1997—2003年时段小于2004—2008年时段。这说明这二十年农地产权转移数量存在着代际配置的效率损失，1989—1996年时段产权转移数量最多，1997—2003年时段次之，2004—2008年时段最少。若减少1989—2003年时段农地产权转移数量，或者把此时段的农地转移数量留于2004—2008年时段使用，则产权转移的数量配置可以达到帕累托改善。面临严峻的农地保护形势，应该高度重视农地代际配置效率的损失问题。

同时，三时段平均效率损失分别是30%、7.3%和-30%。从实际情况观察，从1990年起全国各地普遍占用大量农地进行低效的开发区建设，四川省乐至县也如此。乐至县在1996年后对开发区进行了清理整治，2004年后土地节约、集约利用政策的实施，低效的农地产权转移现象逐渐得以控制。本书计算得出的三时段的代际配置效率损失正好与上述实际情况相吻合，说明了本次农地代际配置模型的运用有效，同时也说明1996年以后农地保护政策的执行有利于代际配置效率的提高。但是测算结果并不提示2008年以后可以提高农地产权转移的速度，因为需要在更长时间段后验证2004—2008年时段的代际配置最优状况。

（三）相关政策建议

本书以四川省乐至县农地产权转移的代际配置为例，达到对我国农地代际利用效率研究之目的。在现阶段农地资源产权数量过度转移的情况下，对产权转移数量进行调控是必要的，未来时段的农地产权转移政策应该进一步控制转移速度，保证其未来的较优利用。同时，注意农地代际数量配置的效率优化，控制效率损失，增加代际利用效率，通过合理的代际配置，克服农地产权的市场失灵，形成土地可持续利用视角下的农地产权制度创新的有效安排。

第七章　研究结论与展望

在前面章节的论述中，笔者分别就土地可持续利用理论、农地产权制度，以及土地可持续利用视角下的农地产权制度创新等问题进行了理论和实践上的探讨与分析，并提出了土地可持续利用视角下的农地产权制度创新的近期和远期模式。同时，也对四川省乐至县土地可持续利用理论下的农地产权价格的核算和产权转移过程中的代际配置效率进行了实证研究。现将本书的研究结论归纳如下，并提出下一步深入研究的方向。

第一节　研究结论

一、效益和公平维度兼顾是农地产权制度的创新方向

针对以效益原则为指导的农地产权制度安排对土地可持续利用的制约，本书通过公平和效益维度兼顾的农地产权制度创新模式的构建，并将该模式划分为近期与远期两个阶段，旨在为我国各个阶段农地产权制度的创新选择提供富有价值的参考，为农地产权制度的变革指明方向，并对现阶段我国农地产权制度的完善起到一定的促进作用。

土地可持续利用视角下的农地产权制度创新模式以效益和公

平维度兼顾为主要目标取向，并建立在公平与效益之间所构成的巨大效用之上。以公平和效益为指导的农地产权创新模式包含诸多方面的使命，在公平与效益之间进行着前所未有的综合。

针对现存农地产权制度中阻碍效益发展及公平实现的现状，作者构思出农地产权创新的近期模式：集体所有，明晰农民的个人股份，完善家庭承包经营制度，促进产权流动，以代内公平为主、代际公平为辅的制度安排模式。

基于农地产权制度创新模式以效益和公平兼顾的目标取向，针对远期农地产权制度安排中关于效益水平及公平实现的预期，笔者构思出农地产权制度创新的远期模式：国家所有，农民永佃，家庭农场经营，代内和代际公平相结合的制度安排模式。

以上两阶段的制度安排均体现农村生产力水平的阶段性发展的特征，生产力水平的差异在一定程度上影响到农地的产权主体的归属、经营方式选择、代内与代际公平均衡安排的问题，因此，产权制度创新中的效益和公平维度体现出农村生产力阶段性发展的特点。农地产权主体由集体向国家转换、经营规模由小到大、由代内公平为主向代际公平的逐渐过渡等制度安排必然体现生产力的阶段性发展规律。

二、土地可持续利用视角下的农地产权价格核算是农地产权制度创新的工具

农地资源作为重要的生产要素，是社会经济发展的物质基础，其产权价格的核算是农地资源利用的工具与基础。现行的农地产权价格核算不充分全面，只计算农用地的经济价值，社会价值和生态价值未纳入核算范畴，且未考虑土地利用中的代际公平

因素，造成现行农地征收征用中的安置补偿偏低，难以弥补农户失地损失，不能完全体现农地的全面产权价值，偏离了资源配置的实际价值与公平性，是存在于现行农地产权制度中价格工具的严重弊端。这种价格计算的非完全性和不公平性具体表现在以下两方面：一是土地征用中价格偏低，不能体现农地的真实价值，造成了农地的过度大量占用；第二，农民无法参与到农地产权转移后所带来的社会福利的分享之中，有碍于农地代际与代内公平的实现。由此提出了对农地资源价格进行全面核算的要求。

以土地可持续利用理论为视角的农地产权价格核算对农用地的价值特征与内涵作了深入的梳理与剖析，由此提出基于经济、社会、生态、代际公平因素的农地产权全面价值观。相应地，农地的产权价格由经济价格、社会价格、生态价格以及代际公平因素四部分构成，据此可设立农地代际补偿基金。本书以四川省乐至县农用地产权价格核算为例，分别测算其经济价格、社会保障价格以及生态价格，对上述三种价格进行叠加，以此求得农地的一年期的价格，并在一定的土地还原利率下求得基于代际公平原则下的农地产权价格，达到农用地产权价格全面核算的目的。

本书认为，通过代际核算的方式对农地产权价格进行量化，可以大幅提高农地产权价格。这也说明对后代人进行合理补偿是建立代际补偿基金的重要途径，能够较好地保持土地资源的价值量不减少，为土地资源可持续利用提供资源价值的有利工具，通过这种代际补偿机制以达到农地资源代际共享与均衡发展，避免由于代际补偿不足而出现的农地不可持续利用问题。同时，农地的代际公平因素以及经济、社会、生态三方面属性是农地价值构成中不可忽视的重要组成部分，对农地代际因素以及生态价值、社会价值的忽视是现行农地价值测算总体偏低的重要原因，而代际公平原则下的全面的农地价格测算则可以完整地体现农地的产权价值组成，且能大幅提高现行征地补偿方式下的农地价值。因此，土地可持续利用理论下的农地价格的全面核算能够使农地产权价格以清晰、完整的价值形态得以体现，科学地界定和准确地测算农地产权价格是实现土地可持续利用视角下的农地产权制度创新的前提和工具，它可为农地产权制度创新提供明确有效的判断标准、信息基础、操作工具和技术支撑。

三、建立农地产权转移代际配置检验模型能够测度农地代际效率损失

书中采用的农地产权转移代际配置检验模型遵循资源代际配置最优原则——资源利用的供给与需求量相等，以此保证资源配置的均衡。本书基于科布道格拉斯生产函数，从土地生产要素对经济增长的边际贡献角度来衡量土地的边际收益，进而计算出农地产权转移后的边际净收益，研究区间介于1989—2008年，划分出1989—1996年、1997—2003年、2004—2008年三个代际年限，从而达到比较各时段产权转移边际净收益的目的。

从计算出的边际净收益结果中可以看出，1989—1996年时段的农地产权转移边际收益小于1997—2003年和2004—2008年时段，1997—2003年时段小于2004—2008年时段。这说明过去的二十年中存在农地产权转移代际配置的效率损失，20世纪90年代初期农地产权转移数量过度。如果1989—2003年时段减少一定的农地产权转移数量，或者将此时段的农地产权转移数量留给2004—2008年时段使用，那么农地产权的代际配置至少可

以达到帕累托改善。面对严峻的农地保护形势，代际配置效率的损失应该引起足够重视，

根据农地和建设用地的边际收益，利用逻辑斯蒂模型拟合出20年区间的最优农地损失数量。计算得出三时段代际配置的效率损失依次递减，说明1996年以后的农地保护政策有利于农地产权转移的代际配置效率的提高，但是并不是提示2008 年后可以提高农地产权转移速度，因为我们不知道2004—2008 年时段是否是符合代际最优配置。若在时间跨度更长的研究区间内对2004—2008年时段进行代际配置效率检验，发现其产权转移数量过少，方可适当提高产权转移速度。在此效率损失判断方法指导下，农地产权转移数量会围绕最优数量波动，由此实现农地资源代际配置的帕累托改善。

因此，在现阶段农地产权数量过度转移的情况下，对产权转移数量进行调控是必要的，未来时段的农地产权转移政策应该进一步控制转移速度，保证其未来农地的较优利用。同时，注意农地代际数量配置的效率优化，控制效率损失，增加代际利用效率，通过合理的代际配置，克服农地产权的市场失灵，形成土地可持续利用视角下的农地产权制度创新的有效安排。

第二节　研究的局限性与展望

本书尝试对土地可持续利用视角下的农地产权制度创新等相关问题进行探讨与研究，取得了一些初步成果，但囿于作者的学识水平和研究时限，尚有很多工作需要进一步地深入研究，后续研究依然任重道远，期待对以下问题进行探索：

一、模式有待系统和完善，结论有待讨论和验证

由于时间和理论水平所限，土地可持续利用视角下的农地产权制度创新模式研究尚处于起步阶段，本书只针对模式中的制度安排作出初步阐述，关于模式的具体运作范围与机制、创新阶段、成本和策略选择问题都有待系统和完善；创新模式中的一些制度安排还有待在时间和空间层次扩大讨论和验证，才能更好地为农地产权制度创新的政策调整作出参考。

二、价格核算不够充分，方法需要探索

农地产权价格核算中关于社会价格的评估，由于受到数据资料收集的限制，未核算农地的社会稳定价格，且农用地其他价格的评估中尚有许多项目未纳入核算范围，在以后的工作中亟待补充全面的农地产权价格核算项目；关于农地代际公平因素的量化方法，需逐步探索更加有效、可行的方法对其进行准确测算；在农地产权价格核算中可逐步探索运用系统动态的评估方法，不断地纳入新的核算因素以及新的核算方法参与价格测算，以便更加科学地反映农地的全面真实价格。

三、选取不同地区横向比较，测度全国农地代际配置效率

本书以四川省乐至县为基础，对农地产权转移中的代际配置效率现状及其原因进行了实证研究，达到测度我国农地代际配置效率的目的，而更为有效合理的测度方法是在全国选取与乐至县行政级别平行且有区域差异的几个地区作为研究样本，采用面板数据分析方法对每个地区样本进行时间序列研究，并进行样本间

的横向比较，以此达到对全国农地代际配置效率进行检测之目的。但是囿于相关数据收集存在难度，因此只针对乐至县一个区域展开研究，这是本书研究的遗憾，也是今后亟待努力研究的方向。

参考文献

[1]Alston.An Analysis of U.S. Farmland Prices[J].American Agriculture Economy, 1986, 68 (2):1-9.

[2]Andrew J P, Douglas J M. Agricultural] land values and the values of rights to future land development [J]. Land Economics, 2001, 77 (1):125-137.

[3]Bekele Hundie. Explaining Changes of Property Rights among Afar Pastoralists,Ethiopia[J]. Institutional Change in Agriculture and Natural Resources,2006,14(7):26-48.

[4]Besley T. Property Rights and Investment Incentives: Theory and Evidence from China [J]. Journal of Political Economy, 1995, 103: 903 -937.

[5]Bishop R C, Herberlein T A. Measuring values or extramarket goods are indirect measure bases [J]. American Agriculture Economy, 1979, 61 (5):926-930.

[6]Blume HP, etal.Towards sustainable land use [J]. Geoderma, 2000, 96(12): 155-157.

[7]Boyle K J.Welfare measurements using contingent valuation of techniques [J]. American Agriculture Economy, 1988, 70 (4): 20-28.

[8]Branko I C.Toward sustainable rural land use planning practices in Botswana:the concept for an "Integrated Rural Plan" [J]. World Soil Resources Reports, 2005, 85(8):43–54.

[9]Burt O.Econometric Modeling of the Capitalization formula for Farmland Prices [J]. American Agriculture Economy, 1986, 68 (6):10–26.

[10]Clawson M, Knetsch L J.The Economics of Outdoor Recreation.Baltimore [M]. Maryland: John's Hopkins Press, 1966:178–187.

[11]Costanza R, Darge R, Rudolg D, Groot R, etal.The Value of the World's Ecosystem Services and Natural Capital [J]. Nature, 1997, 387(2):253–260.

[12]Demsetz, Harold.Toward a Theory of Property Rights [J]. American Economic Review, 1967, 57(2):347–59.

[13]Denise Hare. The origins and influence of land property rights in Vietnam[J]. Development policy review 2008, 26(3):339–363.

[14]De Groot, Rudolr S, Matthew A W, Roelof M.J.A typology for the classification, description and valuation of ecosystem functions, goods and services [J]. Ecological Economics, 2002, 41 (6): 393–408.

[15]Dumanski J.Criteria and indicators for land quality and sustainable land management[J]. ITC Journal, 1997, 34 (3): 216–222.

[16]Dumanski J, etal. Criteria for an international framework

for evaluating sustainable land management[M]. International Workshop on Evaluation for Sustainable Development in the Developing World, Bangkok: IBSRAM, 1991.

[17]Dumanski J, Smyth A.The issues and challenges of sustainable land management [R]. International Workshop on Sustainable Land Management for the 21st Century, 1993:218.

[18]FAO.A framework for land evaluation [R]. FAO soil.bulletin, 1976:32.

[19]FAO.An International Framework for Evaluating Sustainable Land Management[R].World Soil Resouces Reports, 1993:73.

[20]Falk, B.Formally Testing the Present Value Model of Farmland Prices[J]. American Agriculture Economy, 1991, 72 (6): 1-10.

[21]Featherstone A B. An examination of farmland pricing[J]. American Agriculture Economy, 1987,69(11):532-546.

[22]Feder G., Nishio A.The benefits of land registration and titling: Economic and social perspectives[J]. Land Use Policy, 1998, 15 (1):25-43.

[23]Feder G, Onchan T,Chamlamwong Yang ,Hongladarom C. Land Policies and Farm Productivity in Thailand [M]. Baltimore: Johns Hopkins UniversityPress, 1988.

[24] Gardner,B.D. The Economics of Agriculture Land Preservation[J]. American Agriculture Economy, 1977, 59 (3): 127-136.

[25]Gowdy J.Evolutionary Economics: The Economy, Society and the Environment[M]. New York: Kluwer Academic Publishers,

1994:1–24.

[26]Helmut E, etal.Taking action for sustainable land use: results from 9th ISCO conference in Bonn Germany [J]. AMBIO, 1996, 25(6): 480–483.

[27]Hoffman M T, Allsopp N, Rohde R F.Sustainable land use in Namaqualand, South Africa: Key issues in an interdisciplinary debate [J].Journal of Arid Environments, 2007, 101(6):353–337.

[28]Jacobs H M. Planning the use of land for the 21st century [J].Journal of Soil and Water Conservation, 1992, 47(1): 32–34.

[29]Jane Kabubo–Mariara.Land conservation and tenure security in Kenya: Boserup's hypothesis revisited [J]. Ecological Economics, 2007, 64(7):25–35.

[30]Katherine I, Donald M M.Rural land use and sale preferences in a Wyoming county [M]. Land economics, 2002, 78(3): 214–229.

[31]Klaus D, Daniel A.Do Overlapping land rights reduce Agriculture investment Evidence from Uganda [J]. American Agriculture Economy, 2008, 90(4): 869 - 882.

[32]Kooten V.Land resource economics and sustainable development: economic policies and the common goods [M]. Vancouver: UBC Press, 1993:275–277.

[33]Kuhnen Frithjof.Sustainability regional development and marginal locations[J]. Regional Planning & Development, 1992(1): 101–105.

[34]Lancaster K.A new approach to consumer theory [J]. Jour-

nal of Political Economy, 1966, 74(1):132–135.

[35]Mommell K.E. The optimal quantity of land in agriculture [J].Northeastern journal of agricultural and resource economics1989, l8 (4):103–119.

[36]Mommell K.E. The optimal quantity of land in agriculture [J].Northeastern journal of agricultural and resource economics1989, l8 (4):103–119.

[37]OTSUBO.Toward Sustainable Land Use in China –Highlights of LU/GEC Phase II [J]. Study on Land–Use, 2003, 21(12): 1–15.

[38]Page, T.Conservation and Economic Efficiency: An Approach to Materials Policy [M]. Maryland: Johns Hopins University, 1998:109–121.

[39]Pearce D W, Warford J.World without End: econmics, environment, and sustainable development[M]. New York: world Bank publication, 1993:219–234.

[40]Peter A, Jerry H. A Diamond Contingent valuation: is some number better than no number [J]. Journal of Economic Perspectives, 1994, 8(4):45–64.

[41]Richards Williams.Restoring the land [J]. Journal of Soil and Water Conservation, 1991, 46(6): 409–411.

[42]Perrings C.Ecological sustainability and environmental control [J]. Structural Change and Economic Dynamics, 1991, 23, (2): 275–295.

[43]Robert E S.Land tenure reform in Africa:a shift to the de-

fensive[J]. Progress in Development studies, 2003,33(3):210-222.

[44]Robert Merton Solow.On the Intergenerational Allocation of Natural Resources[J]. Scandinavian Journal of Economics, 1986, 88 (10), 143-154.

[45]Repetto R, Gillis M.Public policies and the misuse of forest resources[M]. Cambridge Universith Press,1986:213-219.

[46]Coase, R H.The Problem of Social Cost [J]. Journal of law and Economics, 1960, 3(3), 15-23.

[47]Rosen S H. Price and implicit markets: product differentation in pure conpetition [J]. Journal of political economy, 1974, 82 (1):34-55.

[48]Richard T.C, Robert C M.The issue of scope in contingent valuation studies [J]. American Agriculture Economy,1993,75 (6): 1263-1267.

[49]Scarpa R,Bateman I.Eerriciency gains afforded by improved bid design versus follow-up valuation puesions in discuete-choice CV studies[J]. Land Economics,2000, 76 (6):299-311.

[50]Schaller.The concept of agricultural sustainability[J]. Agriculture, Ecosystem and Environment, 1993, 46(1-4):89-97.

[51]Smyth A, Dumanski J.An international framework for evaluating sustainable land management [R]. World Soil Resources Reports, 1993:1-56.

[52]Syers J K, etal.Indicators and thresholds for the evaluation of sustainable land management [J]. Canadian Journal of Soil Science, 1995, 75(2): 423-428.

[53]Wen J.The Land Tenure System and Its Saving and Investment Mechanism——The Case of Modern China[J]. Asian Economic Journal, 1995, 21(9): 223-259.

[54]Willis K G, Garrod G D.An Individual Travel Cost Method of Evaluating Forest Recreation[J]. American Agriculture Economy, 1991, 42 (5):33-42.

[55]Xiao Y,Fulton M.The Development of the Fertilizer Market in China[M]. University of Saskatchewan,1997.

[56]World Bank.Rural development: From Vision to Action [R]. Environmentally and Socially Sustainable Development Studies and Monographs Series12, 1997:157.

[57]阿尔钦.产权:一个经典的注释[M].上海:上海三联书店,1994:166.

[58]艾伦. 兰德尔.资源经济学——从经济角度对自然资源和环境政策的探讨.施以正译[M].北京:商务印书馆,1989:96-107.

[59]白非.物权法例论[M].北京:法律出版社,2005:169-173.

[60]别致,李剑波.收益还原法评估农用地各种客观总费用的确定[J].农机化研究,2004,99(3):42-44.

[61]陈百明,张凤荣.中国土地可持续利用指标体系的理论与方法[J].自然资源学报,2001,16(3):197-203.

[62]曹利军.可持续发展评价理论与方法[M].北京:科学出版社,1999:6-18.

[63]陈百明,陈安宁.土地资源持续利用与耕地经营制度建设[J].中国土地科学,1999,13(2):31-34.

[64]陈基湘.可持续发展中自然资源财富代际转移理论研究

[D].武汉:华中农业大学,1997:8-12.

[65]陈佑启,唐华俊.我国农户土地利用行为可持续性的影响因素分析[J].中国软科学,1998,16(9):93-96.

[66]陈锡文,韩俊.如何合理推进农村土地使用权合理流转[J].中国改革(农村版),2002,21(9):35-37.

[67]陈国富.财产规则、责任规则、不可转让规则与农地产权保护[J].新华文摘, 2006,23(10):15-20.

[68]陈耀邦.可持续发展战略读本[M].中国计划出版社,1996:32-35.

[69]陈荣清,纪昌品.关于农用地的完全价值[J].资源调查与评价,2003,21(2):13-16.

[70]陈志刚,周建春,黄贤金.产权价值区域征收农地价格评估模型及应用[J].农业工程学报,2008,24,12:(191-194).

[71]程克坚,彭补拙,濮励杰.干旱绿洲地区土地资源可持续利用初探——以新疆吐鲁番市为例 [J]. 资源科学,1998,20(4):14-18.

[72]蔡运龙,俞奉庆.中国耕地问题的症结与治本之策[J].中国土地科学,2004,18(3): 23-25.

[73]大卫.皮尔斯等.绿色经济的蓝图[M].北京师范大学出版社, 1996:28-45.

[74]但承龙.土地可持续利用规划理论与方法[M].经济管理出版社,2005:36-39.

[75]但承龙.土地可持续利用规划理论与方法[D]南京:南京农业大学,2002:98-99.

[76]帕金斯.中国农业的发展[M].上海:上海译文出版社,

1987:72-74.

[77]杜润生.给农民创造一个更好的制度环境[J].中国改革,2000,23(10):9-11.

[78]杜青林.论保障农民权利[N].学习时报,2003-11-4.

[79]丁关良.农村土地承包经营权性质的探讨[J].中国农村经济,1999,22(7):23-30.

[80]董琐成.自然资源代际转移机制及可持续性度量[J].中国人口资源与环境,1996,6(3):49-52.

[81]E·菲吕博腾,S·配杰威齐. 财产权利与制度变迁——产权学派与新制度学派译文集[M].上海:上海三联书店,1994:204-205.

[82]方玮.可持续发展中的代际关系问题[J].求实,2001,30(3):21-24.

[83]冯继康,中国农村土地制度:历史分析与制度创新[D].南京:南京农业大学,2005:57-90.

[84]郭新力.中国农地产权制度研究[D].武汉:华中农业大学,2007:54-56.

[85]龚启圣.农民对农地产权的意愿及其对新政策的反应[J].中国农村观察,2005,25(2):18-25.

[86]国家科委,中国 21 世纪议程[M].北京:中国环境科学出版社,1994:32-34.

[87]龚胜生.论区域可持续发展系统的三大关系[J].华中师范大学学报:自然科学版,1999, 33(4):12-14.

[88] 韩俊. 中国农村土地制度建设三题 [J]. 管理世界,2004,29(3):184-195.

[89]郝晋珉,辛德惠.农业——农村发展过程中土地持续利用管理[J].自然资源,1996,18(4):26-29.

[90]何凌云.土地使用权的稳定性与肥料使用[J].中国农村观察,2001,21(5):42-48.

[91]何美然.农村非正式制度与我国农地产权制度创新[J].安徽农业大学学报,2010,38(18):30-31.

[92]何浦明,王雅鹏.略谈资源的代际公平问题[J].华中农业大学学报(社科版),2000,27(1):22-23.

[93]洪朝辉.论中国农民土地财产权利的贫困[J].当代中国研究,2004,67(1):67-69.

[94]黄红生.论经济增长和资源分配的代际公平模式[J].探求,1999,30(3):46-48.

[95] 黄克龙. 论农用地征用价格的评估 [J]. 农机现代化,2005,69(2):4-5.

[96]黄乾.论代内公平与代际公平[J].南方人口,2001,16(2):16-20.

[97]黄少安.产权经济学[M].济南:山东人民出版社,1995:66-102.

[98]胡亦琴.农地产权制度创新与农业可持续发展[J].北京师范大学学报,2008,210(6):130-137.

[99]H·登姆塞茨.关于产权的理论[M].上海:上海三联书店,1994:97.

[100]靳相木.中国乡村地权变迁的经济学研究[M].北京:中国社会科学出版社,2005:56-57.

[101]蒋励.股份合作制:农村土地制度改革的最优选择[J].农

业经济问题,2004,27(12):30-34.

[102]綦好东.我国现行农地产权结构的缺陷及重构的实证分析[J].农业经济问题, 1998,21(1):18-22.

[103]贾生华.论我国农村集体土地产权制度的整体配套改革[J].经济研究,2001,23(12):57-62.

[104]靳乐山.环境污染中的效率与公平问题[J].环境科学动态,1997,19(1):14-16.

[105]姜学民.可持续发展中代际财富转移简单模型[J].生态经济,1994,17(3):1-5.

[106]姜志德.土地可持续利用概念的理性思考[J].西北农村科技大学学报(社会科学版),2001,21(4) :44-46.

[107]孔祥智.聚焦"三农"[M].北京:中央编译出版社,2004:47-49.

[108]孔祥斌.农用地估价方法探讨[J].河北农业大学学报,2002,87(4)13-15.

[109]拉坦.诱致性制度变迁理论[M].上海:上海三联书店,1996:39.

[110]L·E·戴维斯等.财产权利与制度变迁——产权学派与新制度学派[M].上海:上海三联书店,1994:270.

[111]乐至县2007年统计年鉴[M].乐至县统计局,2008.

[112]李仁东.影响土地持续利用的环境要素遥感分析——以1:25万武汉图幅为例[J].国土资源遥感,1997,19(1):1-6.

[113]李珍贵,唐健,张志宏.中国土地征收行使范围[J].中国土地科学, 2006,20(1):12-15.

[114]李春晖,杨勤业.环境代际公平判别模型及其应用研究

[J].地理科学进展,2000,19(3):220-226.

[115]李会明.产权效率论[M].产信会计出版社,1995:120-125.

[116]李加林,童亿勤,许继琴,杨晓平.杭州湾南岸生态系统服务功能及其经济价值研究 [J]. 地理与地理信息科学,2004, 20(6):104-108.

[117]李明秋,陆红生.中国农村土地制度创新模式研究[J].中国农村经济,2001, 37(12):49-53.

[118]李明秋.中国农村土地产权制度创新研究[D].武汉:华中农业大学,2001:78-82.

[119]梁慧星,陈华彬.物权法[M].法律出版社, 1997:58-60.

[120]梁长青,周寅康,彭补拙.土地产权制度与土地持续利用[J].资源科学,2000,22(2):35-39.

[121]廖洪乐.农村改革试验区的土地制度建设实验[J].管理世界,1998,21(2):154-163.

[122]廖洪乐.中国农村土地制度:变迁过程的实证分析[J].经济研究, 1993,18(2):18-25.

[123]林卿.农村土地承包期延长 30 年政策的实证分析与理论思考[J].中国农村经济, 1999,22(3):22-26.

[124]林卿.农地制度与农业可持续发展[J].农业经济问题,1999,26(5):11-15.

[125]林卿.农地制度与农业可持续发展[J].农业经济问题,1999,21(5):11-15.

[126]林毅夫.关于制度变迁的经济学理论[M].上海:上海三联书店,1994:377-378.

[127]黎夏,叶嘉安.基于遥感和GIS的辅助规划模型——以珠江三角洲可持续土地开发为例[J].遥感学报,1999,3(3):215-219.

[128]列宁全集[M].北京:人民出版社,1986:101-102.

[129]刘吉平,张丽勤,李江峰.我国土地持续利用亟待研究的几个问题[J].地理学与国土研究,1999,15(3):30-33.

[130]刘彦随,鲁奇.苏南现代化进程中的土地问题及对策[J].地理科学进展,1998,17(2):78-82.

[131]刘岩.土地利用规划与土地资源的可持续利用[J]辽宁师范大学学报(自然科学版),1999,22 (2):167-170.

[132]刘黎明,谢花林,赵英伟.我国草地资源可持续利用评价指标体系的研究[J].中国土地科学,2001,15(4):43-46.

[133]刘利锋,陆红生.城乡交错区土地可持续利用及其评价指标体系研究[J].城市研究,2000,12(3):44-46.

[134]刘卫东.上海城市土地可持续利用研究[J].城市问题,1997,13(4):36-39.

[135]刘守英. 土地制度与农民权利[J]. 中国土地科学,2005,19(5):1-9.

[136]刘培哲.可持续发展——通向未来的新发展观[J].中国人口资源与环境,1994,3(4):13-17.

[137]刘金平.土地自然资源及其"环境价格"[J].中国矿业大学学报,1995,24(4):105-108.

[138]刘慧芳.论我国农地的构成与量化[J].中国土地科学,2000,14(3):16-17.

[139]刘永湘.中国农村产权制度创新论[D].成都:四川大学.

2003:81-104.

[140]骆友生,张红宇.家庭承包责任制后的农地制度创新[J].经济研究,1995,20,(1):69-80.

[141]卢现祥.西方新制度经济学[M].北京:中国发展出版社,1996:82-84.

[142]龙花楼.开发区土地可持续利用初探[J].现代城市研究,2001,21(3):48-50.

[143]马晓河,蓝海涛.当前我国农村金融面临的困境与改革思路[J].中国金融,2003,20(11):11-13.

[144]马晓河,崔红志.建立土地流转制度促进区域农业生产规模化经营[J].管理世界,2002,25(11):63-77.

[145]马尔科姆·吉利斯,德·希·帕金斯.发展经济学[M].经济科学出版社,1989:56-61.

[146]马克思恩格斯全集:第25卷[M].北京:人民出版社,1975:880.

[147]蒙吉军,蔡运龙.海南岛山区土地的持续利用评价——以琼中、通什为例[J].山地学报,2001,19(3):253-257.

[148]蒙吉军,刘家明.绿洲土地利用评价——以张掖绿洲为例[J].地理学与国土研究,1998,14(2):11-15.

[149]苗庄.制度变迁中的改革战略选择问题[J].经济研究,1992,11(10),72-74.

[150]穆广荣,陆效平.土地资源的平衡方式和可持续利用[J].中国土地科学,1997,11(6):33-35.

[151]美国估价学会.不动产估价.不动产估价翻译委员会译.第11版[M].北京:地质出版社,1996:445-446.

[152]牛文元.可持续发展导论[M].北京:科学出版社,1997:32-34.

[153]农村土地制度改革课题组.制度安排与中国农地制度创新[R].农村经济文稿,1994:12-15.

[154]奥肯.平等与效率——重大的权衡.王忠民,黄清译[M].成都:四川人民出版社,1988:65-66.

[155]彭分文.不可忽略的代内公平——从可持续发展的原则谈起[J].广西社会科学,2003, 24(3):23-25.

[156]钱忠好.土地征用:均衡与非均衡——对现行土地征用制度的经济分析[J].管理世界,2004,29 (13):50-59.

[157]钱忠好.农地承包经营权市场流转: 理论与实证分析[J].经济研究, 2003,25(2):83-92.

[158]钱明星.我国用益物权体系的研究[J].北京大学学报(哲社版),2002,56(1):110-118.

[159]钱易,唐孝炎.环境保护与可持续发展[M]北京:高等教育出版社,2000:136-139.

[160]曲福田,陈海秋.土地产权安排与土地可持续利用[J].中国软科学,2000,19(9):11-16.

[161]邱扬,傅伯杰.土地持续利用评价的景观生态学基础[J].资源科学,2000,22(6):1-8.

[162]全国农村固定观察点办公室.当前农村土地承包经营管理的现状及问题[J].中国农村观察,1998,18(5):56-57.

[163]史清华,贾生华.农户家庭农地要素流动趋势及其根源比较[J].管理世界,2002,27(1):71-92.

[164]孙自铎.试论农地制度改革[J].经济体制改革,1996,34

(3):97-113.

[165]孙红宇.以产权保护为核心的土地管理模式[D].上海:同济大学,2004:131-133.

[166]舒基元,姜学民,杨峥.自然资源代际转移模型研究[J].中国人口资源与环境,1997,7(1):54-58.

[167]舒基元,姜学民.代际财富均衡模型研究[J].中国人口资源与环境,1996,6(3):45-48.

[168]单胜道,吴次芳.外补地价论[J].浙江大学学报,2000,97(3):26-27.

[169]单胜道.农用地价格评估影响因素研究[J].西安工程学院学报,2002,39(6):17-18.

[170]单胜道.环境资源评价方法在农地价格评估中的应用[J].国土与自然资源研究,2002,25(2):25-26.

[171]速水佑茨郎,弗农.拉坦.农业发展的国际分析[M].北京:中国社会科学出版社,2000:127-129.

[172]唐华俊,陈佑启,Eric Van Banst (比利时).中国土地可持续利用的理论与实践 [M]. 北京: 中国农业科技出版社,2000:103-106.

[173]唐秀君,王志刚.农地产权制度创新与可持续利用[J].地质技术经济管理,2001,23(6): 17-22.

[174]谭荣,曲福田.农地非农化代际配置与农地资源损失[J].中国人口资源与环境 2007,17(3):28-34.

[175]谭淑豪,曲福田,黄贤金.市场经济环境下不同类型农户土地利用行为差异及土地保护政策分析[J].南京农业大学学报,2001,24(12):110-114.

[176]田继敏,赵纯均,黄京炜.城市土地可持续利用的空间布局建模[J].系统工程理论与实践,1999,17(10):27-38.

[177]土地改革:不适应的农村结构对经济发展的阻碍[R].联合国报告,1951.

[178]万劲波,张想贵.区域土地规划与环境政策[J].环境保护,2000,21(4):8-9.

[179]王静.土地用途分区管制与区域土地资源可持续利用浅析[J].中国人口资源与环境,2001,11(4):83-86.

[180]王华春,唐任伍, 赵春学.引导土地流转,增加农民收入[J].南京社会科学, 2004 ,26(9):1-5.

[181]王景新.新世纪中国农村土地制度安排与法律建设[J].中国农村经济,2000,23(4):4-7.

[182]王军.可持续发展[M].中国发展出版社,1998:151-152.

[183]王宏杰,张俊飚.农业可持续发展与产权制度改革[J].农业经济,2001,23(3):29-30.

[184]王发明,孙鹤.中国农村产权制度分析[J].山东工商学院学报,2004,18(2):15-20.

[185]维杰·贾甘纳坦.发展中国家的非正规市场.刘明权译[M].上海:上海社会科学院出版社,1987:124-129.

[186]温铁军.土地的福利化趋势与相关制度安排——载入21世纪的中国农村土地制度改革[M].北京:中国经济出版社, 2000:143-145.

[187]吴克宁,马素兰.中国农村土地产权制度改革探索[J].中国土地科学,2005 ,19,(4):38-42.

[188]吴次芳.影子地块及其在林地评估中的应用[J].自然资

源学报,2002,17(1):102–109.

[189]伍大荣.论土地资源定价方法[J].自然资源 1996,14(5):13–18.

[190]雄次郎,弗农·拉坦.农业发展:国际前景[M].北京:商务印书馆,1993:235–237.

[191]肖寒,欧阳志云,赵景柱等.海南岛生态系统土壤保持空间分布特征及生态经济价值评估[J].生态学报,2000,20(4):552–558.

[192]西奥多·W·舒尔茨.改造传统农业[M].北京:商务印书馆,1987:167–168.

[193]谢俊奇.可持续土地管理研究回顾与前瞻[J].中国土地科学,1999,13(1):34–37.

[194]谢俊奇.可持续土地利用系统研究[J].中国土地科学,1999,13(4):35–38.

[195]谢高地,鲁春霞,冷允法.青藏高原生态资产的价值评[J].自然资源学报,2003,18(2):189–196.

[196]徐浪,马丹.关于 C–D 生产函数的参数估计[J].科技与管理,2001,12(4):58–60.

[197]杨成湘.实现代际公平的可能性路径[J].中南大学学报,2011,17 (1):133–138.

[198]杨发明.可持续发展的涵义及其实现的基本条件与手段的探讨[J].自然辩证法通联落讯,2006,14(1):26–31.

[199]杨学成,曾启.试论农村土地流转的市场化[J].中国社会科学, 1994,28 (4):183–186.

[200]杨重光.中国土地使用制度改革十年[M].北京:中国大

地出版社,1996:18-20.

[201]杨召新.基于资源价值功能的农地价格评估研究[D].南京:南京农业大学,2008:45-57.

[202]姚洋.集体决策下的诱导性制度变迁——中国农村地权稳定性演化实证分析[J].中国农村观察, 2000,20(2):11-19.

[203]姚洋.中国农地制度: 一个分析框架[J].中国社会科学, 2001,35(3):54-65.

[204]叶剑平,普罗斯特曼,徐孝白等.中国农村土地农户 30 年使用权调查研究——17 省调查结果及政策建议[J].管理世界, 2000,17(2):163-174.

[205]伊利.土地经济学原理[M].北京:商务印书馆,1982:30-32.

[206]尹君.可持续土地利用内涵及其评价指标体系研究[J].河北农业大学学报,2001,24(1):78-81.

[207]殷善福.论农地产权制度的创新[J].长江大学学报,2009:6(3):89-91.

[208]余鹏翼,李善民.中国发达地区农地使用权流转性问题探讨——以广东南海市为例 [J]. 中国农村经济, 2004, 21(12): 22-26.

[209]宁振荣,邱建军,王建武.土地利用系统分析方法及实践[M].北京:中国农业科技出版社,1998:36-39.

[210]战捷.可持续发展中的公平与补偿研究.中国人口科学[J].1997,18(4):23-25.

[211]张保华,陈莲华.城市郊区土地持续利用评价研究[J].聊城师院学报:自然科学版,2000,13(3):63-66.

[212]张殿发,黄弈龙.土地资源可持续利用的生态经济系统分析[J].农村生态环境,2000,16(2):45-48.

[213]张凤荣.可持续土地利用与管理[J].中国土地,1998,18(4):23-25.

[214]张慧,田光.农地产权制度创新思路[J].现代商贸工业,2009,18(9):226-227.

[215]张惠远,王仰麟.土地资源利用的景观生态优化方法[J].地学前缘,2000,7(增刊):112-120.

[216]张曙光.论制度均衡与制度变革[J].经济研究,1992 ,127 (6): 42-44.

[217]张红宇.中国农村土地产权政策——持续创新[J].管理世界,1998,21(6):168-177.

[218]张红宇.土地使用权流转:创新与选择[J].理论探讨,1996,19(2):8-10.

[219]张红宇.中国农地调整与使用权流转:几点评论[J].管理世界,2002,25(5):76-87.

[220]张红宇.中国农地制度变迁中的法律制度建设[J].农村改革,2001,25(2):112-118.

[221]张静.土地使用规则的不确定:一个解释框架[J].中国社会科学, 2003,37(1):113-124.

[222]张晓山.中国农村土地制度变革的回顾和展望[J].学习与探索, 2006,17(5):172-181.

[223]张晓平.农村土地可持续利用的农户行为分析[J].河南大学学报(自然科学版),1999,29(4):61-64.

[224]张勇,阮平南. "代际公平"问题的测定和对策研究[J].

科学管理研究,2005,23(4):25-28.

[225]张宇燕.经济发展与制度选择[M].北京:中国人民大学出版社,1992:190-200.

[226]赵景柱.社会折现率与代际公平性分析.环境科学[J].1995,16(5):85-88.

[227]赵登辉.土地可持续利用与农业政策转换研究[J].农业环境与发展,1998,15(1):1-5.

[228]赵淑琴,夏玉杰,苏国英.当前我国农用地估价实践中亟待解决的问题[J].资源调查与评价,2003,20(8):5-8.

[229]郑风田.我国现行土地制度的产权残缺与新型农地制度构想[J].管理世界,1995,20(4):138-146.

[230]中华人民共和国国土资源部[M].中国国土资源年鉴,2003:311.

[231]中国农村土地的权利[N].湖北日报,2004-3-3.

[232]周诚.应当重视农村社区集体经济中的土地承包权股份制[J].中国农村经济,2000,23(12):4-6.

[233]周诚.土地经济学[M].北京:商务印书馆, 2003:219-220.

[234]周海林.可持续发展原理[M].北京:商务印书馆,2004:6-7.

[235]周鲲,廖立清.浅析代际公示的实现[J].商业研究,2002,21(6):38-40.

[236]周其仁,刘守英.一个传统农区的土地制度变迁[R].土地制度建设试验检测与评估,1988:91.

[237]庄大昌.洞庭湖湿地生态系统服务功能价值评估[J].经

济地理,2004,24(3):391-394.

[238]庄国泰.中国生态环境补偿费的理论与实践[J].中国环境科学,1995,15(6):413-418.

[239]诸培新,曲福田.农户经济行为、土地投入类型及土地持续利用[J].中国农业资源与区划,1999,20(5):44-47.

[240]诸培新.农地非农化配置:公平、效率与公共福利——基于江苏省南京市的实证分析[D].南京:南京农业大学,2005:78-82

[241]邹秀清.现阶段农地产权制度创新的战略思路与政策选择[J].农村经济,2010,12 (11):21-24.

[242]邹至庄.中国经济[M].天津:南开大学出版社,1987:74-79.